DEMOKRATISCHE VERANTWORTUNG

Band 10

Gottfried Linn

Politischer Extremismus an den Hochschulen

Die Gruppierungen und ihre Aussagen

Herausgeber
Studiengesellschaft für Zeitprobleme e.V.
Bonn 1987

Redaktionsschluß: 30. Juni 1987

DEMOKRATISCHE VERANTWORTUNG erscheint in unregelmäßiger Folge.
Herausgeber: Studiengesellschaft für Zeitprobleme e.V.,
Postfach 20 12 55, 5300 Bonn 2
Redaktion: Heinz Schulte, Dorit Ockenfels
Verfasser der didaktischen und methodischen Handreichungen:
Frank S. Rödiger
ISSN 0172-7346
ISBN 3-922872-21-2

Satz: RP-Satz & mehr, Bremen
Druck: Offset Service Bremen

INHALT

Vorwort des Herausgebers

Es gehört zu den Spielregeln parlamentarischer und demokratischer Staats- und Gesellschaftsordnungen, abweichende politische Positionen auch dann zu dulden, wenn sie sich als Gegner eben dieser Ordnungen artikulieren. Tolerieren darf aber nicht das tatenlose Hinnehmen dieser Positionen und der sie vertretenden Gruppierungen bedeuten. Toleranz kann auch nicht heißen, daß diese Gruppierungen mittels des Liberalitätsprinzips und des parlamentarischen Systems letzterem den Garaus bereiten können. Toleranz und Streitbarkeit sind zwei Seiten der einen Medaille: Demokratie.

Hierzu möchte auch dieses Heft der *Demokratischen Verantwortung* einen Beitrag leisten. Extremistische Gruppierungen bedürfen grundsätzlich einer aufmerksamen und kritisch-analytischen Betrachtung. Das Streiten mit ihnen sollte Pflicht eines jeden bewußten Demokraten sein. Ein besonderes Augenmerk muß den extremistischen Gruppierungen an den Hochschulen gelten. Wie alle anderen politischen Gruppierungen an Hochschulen haben sie eine spezifische Funktion im Rahmen von Partizipation und Interessenvertretung der Studentenschaft einerseits und der Vermittlung politischer und weltanschaulicher Positionen und Erfahrungen andererseits. In Zeiten gesellschaftlicher Umbrüche haben sie oft auch eine katalytische Aufgabe.

Diesen Fragen widmet sich das vorliegende Heft. Es hat den Anschein, daß sich studentische Politik aus den „Single issue"-Themen allgemeiner Politik herausbewegt und stärker hochschulpolitischen Fragen zuwendet. Anlaß hierfür bieten die seit Mitte des vergangenen Jahres kontrovers diskutierten bildungs- und kulturpolitischen Pläne und Beschlüsse der Landesregierungen und der Kultusministerkonferenz.

Der Autor dieses Heftes will Entwicklungen, Struktur und Argumentationslinien der wichtigsten extremistischen Hochschulgruppen aufzeigen. Dabei steht er vor der schwierigen Aufgabe, einen derzeit durch grundlegende wissenschaftliche Arbeiten kaum erfaßten Bereich auszuleuchten. Zu der vorliegenden Thematik gibt es kaum Monographien neueren Datums. Sieht man von den orthodox-kommunistisch orientierten Hochschulgruppen ab, ist es darüber hinaus schwierig, bei den extremistischen Hochschulgruppierungen stringente und in sich geschlossene Argumentationsmuster, geschweige denn Programme auszumachen und zu belegen. Insofern muß diese Darstellung zwangsläufig ein Versuch bleiben, der Lücken aufweist, weil er fragmentarische Positionen beschreibt.

Gleichwohl ist es geboten, sich der Mühe eben dieser Betrachtung zu unterziehen. Schließlich üben diese Gruppen in einigen Studentenausschüssen erheblichen Einfluß aus. Eine angemessene Einschätzung des Extremismus an den Hochschulen ist eine Voraussetzung für den demokratischen Streit mit den beschriebenen Gruppierungen. Dies erfordert Grundinformationen und das Aufdecken von Zusammenhängen sowie Positionen. Dazu soll der vorliegende Text mit den Dokumenten und den didaktischen Anregungen eine Hilfe leisten.

30. Juni 1987 — Der Herausgeber

Einleitung

Im Wintersemester 1985/86 studierten an den Hochschulen der Bundesrepublik Deutschland 1 338 042 Studenten.[1] Davon waren 1 263 696 deutsche, 74 346 ausländische Studenten. Die Zahl der Studienanfänger belief sich auf insgesamt 172 003 Studenten.

Das politische Engagement der Studenten wurde und wird in der Öffentlichkeit schon immer mit Aufmerksamkeit verfolgt. Seit dem Auftreten der Außerparlamentarischen Opposition (APO) Ende der sechziger Jahre hat das Interesse an den politischen Einstellungen und Verhaltensweisen der Studenten deutlich zugenommen. Eine Untersuchung z. B. über den Einfluß extremer Studentenorganisationen an deutschen Hochschulen kommt für das Jahr 1972 (vier Jahre nach dem Auseinanderfallen der APO) zu folgendem alarmierenden Bild:

> „An den 86 deutschen Hochschulen studieren zur Zeit knapp 400 000 Studenten. Nur 30 bis 40 % beteiligen sich an den regelmäßigen Wahlen einmal im Jahr für die Studentenparlamente. Im Resultat werden fast alle deutschen Universitäten von links-radikalen Gruppen beherrscht. Typisch dafür sind die letzten Wahlen im Wintersemester 1971/72 in 24 Universitäten und Pädagogischen Hochschulen. Danach ergab sich folgende Sitzverteilung:
>
> 34 % für die kommunistischen Gruppen MSB Spartakus und den Sozialistischen Hochschulbund (SHB),
> 14 % für weitere linksradikale Gruppen (Linksunabhängige),
> 21 % für die Roten Zellen und andere Gruppen mit Mao-Kurs,
> 30 % für nichtsozialistische Gruppen, u. a. den RCDS.

Hinweis: Bei den Quellen- und Literaturhinweisen wird in der folgenden Weise verfahren: Beim erstmaligen Hinweis werden die vollständigen bibliographischen Angaben angeführt; bei wiederholter Zitierung nur der Name des Verfassers und das Ordnungswort des Titels. Dokumente, bei denen keine bibliographischen Fundstellen notiert sind, befinden sich im Archiv des Verfassers dieser Studie. Die Abkürzung „a.a.O." mit Seitenangabe bezieht sich grundsätzlich auf den letztgenannten Titel, ohne Seitenangabe auf die letztgenannte Seitenzahl bzw. das zuletzt zitierte Dokument.

1 Die Zahlen beruhen auf statistischen Angaben der Westdeutschen Rektorenkonferenz. Zu den Hochschulen zählen: Universitäten, Gesamthochschulen, Kunsthochschulen, Fachhochschulen und Verwaltungsfachhochschulen.

> Obwohl die marxistisch-leninistischen Studentengruppen etwa ein Drittel der Sitze errungen haben, sind sie nur an ganz wenigen Allgemeinen Studentenausschüssen beteiligt."[2]

Von 1972 bis heute hat sich die Zahl der Studenten verdreifacht. Gemessen an dem starken politischen Engagement extremer Studentenorganisationen in den frühen siebziger Jahren hat sich die Situation (von Ausnahmen abgesehen) an den Hochschulen der Bundesrepublik Deutschland insgesamt etwas entspannt. Das politische Engagement vieler Studenten hat sich aus der Hochschule hin zur Friedensbewegung, Alternativbewegung, zahlreichen Bürgerinitiativen usw. verlagert.

Dennoch: 1985 waren fast 30 % der von den Studentenparlamenten gewählten Vertretungen (ASten) von extremen Gruppen besetzt (Marxistischer Studentenbund Spartakus, Basisgruppen, Autonome, Sozialistischer Hochschulbund).[3] Der Einfluß dieser Gruppen sollte auch deshalb nicht unterschätzt werden, weil sie oft Bündnisse mit anderen Studentengruppen eingehen (z. B. Jungsozialisten oder Grün-Alternativen) und diese zu dominieren versuchen.

Die vorliegenden zahlreichen empirischen Untersuchungen[4] der letzten Jahre kommen unter dem Gesichspunkt der politischen Einstellungen und des Engagements der Studenten zu vergleichbaren Ergebnissen:

> „Übereinstimmend belegen alle Studentenuntersuchungen seit Mitte der 60er Jahre ein beträchtliches Übergewicht des linken gegenüber dem rechten Flügel in der Studentenschaft. Obwohl in den einzelnen Untersuchungen die Vorgaben der Links-Rechts-Skala unterschiedlich aufgeteilt sind, bezeichnen sich stets deutlich mehr Studierende als links (zwischen 44 und

---

2 Günther Wagenlehner, Jugend und Ideologie, in: Alfred Domes (Hrsg.), Freiheit des Geistes? Bonn, Bruxelles, New York 1972, S. 34.

3 Vgl. „Der Einfluß linker und linksextremer Gruppen auf die Studentenvertretungen", S. 26 ff.

4 Institut für Demoskopie – Allensbach: Der deutsche Student, 1967; dass., Dokumentation einer Studentenumfrage 1978; Infratest-Sozialforschung (Hrsg.), Hochschulbarometer, München 1974; dass., Ansprachemöglichkeiten für Studenten, München 1979; Infratest Wirtschaftsforschung (Hrsg.), Politischer Protest in der Bundesrepublik Deutschland, Stuttgart 1980. T. Bargel/I. Gleich/G. Framhein/W. Lenne/S. Kammhuber/H. Peisert, Studentensituation und studentische Orientierungen, in: Bundesminister für Bildung und Wissenschaft (Hrsg.), Schriftenreihe Studien – Bildung – Wissenschaft, Nr. 5/1984.

60 %, darunter 9 bis 14 % als extrem links), und nur wenige Studierende stufen sich als rechts ein (zwischen 5 und 16 %, darunter höchstens 2 % als extrem rechts). Eine Verlagerung der studentischen Selbsteinstufung oder gar eine bedeutsame Verschiebung des politischen Standortes ist für die letzten fünfzehn Jahre nicht erkennbar."[5]

Gegenwärtig interessieren sich nur rund 20 % der Studierenden stark für allgemeine Hochschulpolitik und 9 % für die studentische Politik an ihrer Hochschule. An der Fachschaftsarbeit nehmen nach eigenem Befinden etwa 16 % teil, 26 % sind völlig desinteressiert. In den politischen Studentenvereinigungen ist nur etwa jeder Zehnte aktiv, die Hälfte der Studierenden interessiert sich nicht für deren Tätigkeit.[6]

Bei einer Wahlbeteiligung von 20 bis 30 % (Wintersemester 85/86) ist der Repräsentationsfaktor aller gewählten studentischen Vertretungen äußerst fragwürdig. Hierin aber sehen die Extremisten ihre Chance. Sie vertrauen auf den Zuspruch der rund 20 % besonders politisch interessierten Studenten. Der Erfolg gibt ihnen recht.

Was aber sind das für Gruppen, denen es immer wieder gelingt, ihren extremen politischen Einfluß überproportional geltend zu machen? Wie erklärt sich ihr anhaltender Erfolg? Wie werden Mitglieder und Sympathisanten gewonnen? Wie sind die politischen Zielsetzungen, wie das taktische Verhalten in der Studentenpolitik?

Auf diese und andere Fragen soll das vorliegende Heft Antwort geben. Die Darstellung beschränkt sich auf extremistische Studentenorganisationen. Die teilweise starken Studentenorganisationen der demokratischen Parteien werden ausgeklammert. Die Partei der „Grünen" verfügt über keinen überregional funktionierenden Studentenverband. Die Mitglieder dieser Partei finden sich im Hochschulbereich meist in lokal begrenzten grün-alternativen Wahlbündnissen (vgl. Basisgruppen, Spontis, Undogmatische, S. 63 ff.).

---

5 Tino Bargel, Politisches Bewußtsein und Verhalten von Studenten, in: Bundeszentrale für Politische Bildung (Hrsg.), Politische Sozialisation an Hochschulen, Bonn 1985, S. 71.
6 Vgl. T. Bargel u. a., a.a.O., S. 107/108.

Wie wird man Mitglied?

Gerd P. ist Student der Sozialwissenschaft im dritten Semester an der Universität Köln. Er hat sich dieses Studienfach aus Interesse an sozialwissenschaftlichen und politischen Problemen ausgewählt, obwohl ihm bekannt ist, daß eine anschließende berufliche Tätigkeit als Sozialwissenschaftler sehr schwierig zu erreichen ist. Gerd ist in der Großstadt Köln aufgewachsen und war schon frühzeitig politisch aktiv. Bislang konnte er sich jedoch noch nicht dazu entschließen, sich auch in einer Partei zu organisieren. Angeleitet durch kritische Lehrer in seinem Gymnasium und in starker Opposition gegen seine Eltern hat er bei verschiedenen Bürgerinitiativen mitgemacht. Einmal ging es um die Verhinderung des Baues eines neuen Autobahnabschnittes, ein anderes Mal um die Blockade von Manövern auf dem Truppenübungsplatz Köln-Wahn. Diese Aktivitäten haben bei Gerd einen außergewöhnlich starken Eindruck hinterlassen. Anders als bei den vielen, oft mühseligen Anhörungen des Bürgerausschusses beim Rat der Stadt, bei denen doch nichts Rechtes herauskam und bei denen immer alles zerredet wurde, hatte man besonders bei der „Blockade" den Eindruck: Hier bewegt sich was, hier kann man das eigene Handeln fühlen, hier ist Politik „meßbar".

Die ersten Monate in der Uni Köln sind für Gerd frustrierend. Wieder nur Bürokratie, Leistungsnachweise und jede Menge Theorie. Sozialwissenschaft hat er sich viel spannender vorgestellt, aktiver. Probleme der „kapitalistischen Gesellschaftsordnung" werden nur beschrieben, analysiert. Wer aber denkt an Veränderung? Wie soll sie stattfinden? Es kommt ihm alles zu etabliert vor, zu festgefahren. Revolution ist nicht seine Sache, aber verändern will er! Die FDGO[1] hält Gerd für gut, nur angewendet werden müßte sie. Dazu will er beitragen, durch sein Studium, seine politischen Aktivitäten, kurz: durch aktives Handeln und nicht durch konservatives Verharren. Gerd nimmt jede sich bietende Gelegenheit zur Information und zum Engagement wahr. Dankbar greift er die zahlreichen Veranstaltungen des Allgemeinen Studentenausschusses der Universität Köln auf. So nimmt er auch an einer Großveranstaltung zum Thema „Krieg der Sterne" teil. Es stellt sich schnell heraus, daß der

---

1 Freiheitliche Demokratische Grundordnung; vgl. im folgenden das Abkürzungsverzeichnis, S. 149 f.

Vertreter des Auswärtigen Amtes auf dem Podium fast alle Zuhörer gegen sich hat. Zum „Anwalt“ des Publikums machen sich drei Studenten. Sie treten, so scheint es, unglaublich selbstbewußt auf, verfügen über zahlreiche Fakten und bringen den Redner auf dem Podium in arge Verlegenheit. Den meisten Applaus erhalten sie dort, wo sie sich betont witzig und ironisierend mit dem Podium auseinandersetzen.

Gleich nach der Veranstaltung nimmt Gerd mit den drei Kommilitonen Kontakt auf. Wie sich herausstellt, handelt es sich um Mitglieder der sogenannten Basisgruppen, die sich zwar in marxistischer Tradition sehen, aber keineswegs so ideologisch festgelegt sind wie z. B. die Studentenorganisation der DKP: der MSB-Spartakus.

Kritisch, linksstehend, aktiv, flexibel und undogmatisch – das sind Eigenschaften, mit denen Gerd übereinstimmt. Die etablierten Studentenorganisationen wie z. B. die Juso-Hochschulgruppen, der Liberale Studentenverband oder der RCDS können dies – davon ist er überzeugt – nicht bieten, die Basisgruppen schon. Nach wenigen Wochenendveranstaltungen wird Gerd als neues Mitglied der Basisgruppen begrüßt.

Susanne K. hat in einer Kreisstadt im Sauerland ein gutes Abitur abgelegt und möchte nun so schnell wie möglich ihr Studium in Geschichte und Englisch beginnen. Sie hat vor, Realschullehrerin zu werden. Sie bekommt eine Zulassung für die Universität Bonn. Aus der übersichtlichen Kreisstadtatmosphäre kommt sie kurz vor Semesterbeginn nach Bonn, um sich an der Universität einschreiben zu lassen und vielleicht sogar ein Zimmer zu finden. Der erste Eindruck von der Bonner Uni ist erschlagend. 30 000 Studenten, die hier über die ganze Stadt verteilt in diversen Instituten studieren! Hunderte von „Erstsemestern“, die genau wie Susanne K. vor dem Sekretariat umherstehen und von der Bürokratie erdrückt werden. Wie soll man sich da bloß zurechtfinden? Und wie soll man eine Wohnung bekommen, wenn Hunderte andere das gleiche Problem haben? Susanne ist frustriert. Plötzlich wird sie von einem Studenten mit Namen Ulli angesprochen, der, wie sich bald herausstellt, schon einem höheren Semester angehört. Ulli ist sehr freundlich, macht einen netten Eindruck und bietet Susanne spontan seine Hilfe an. Er berät sie beim Ausfüllen des Einschreibebogens und gibt erste Ratschläge für den Semesteranfang (welcher

Professor gut ist, welcher nicht, was man an Einführungsveranstaltungen besuchen sollte, wo die Mensa ist, welche Altstadtkneipen empfehlenswert sind usw.). Susanne ist erst zurückhaltend, schöpft aber schnell Vertrauen und ist dankbar, daß ihr jemand hilft. Wie sich dann herausstellt, ist Ulli auch bereit, Susanne ein Zimmer zu beschaffen – in einer Wohngemeinschaft für 200 Mark. Im Laufe der nächsten Wochen unterstützt Ulli Susanne weiter. Das Zimmer in der Wohngemeinschaft ist ganz passabel.

Schließlich – ohne daß bis dahin intensiver über Politik gesprochen worden wäre – fragt man Susanne, ob sie am nächsten Wochenende nicht an einer „Demo" für Frieden und Abrüstung teilnehmen wolle. Natürlich ist Susanne für Frieden und Abrüstung, und das, was sie von den Amerikanern in den Medien gesehen und gelesen hat, hat sie nicht überzeugt. Gegen neue Raketen in der Bundesrepublik ist sie sowieso. Also, warum nicht mitgehen?

Aus einer „Demo" werden zwei, dann drei usw. Bald nimmt sie an einem „Schulungsabend" teil, den Ulli organisiert hat und wird erstmalig mit dem Namen „MSB-Spartakus" konfrontiert. Sie hat zwar schon davon gehört, daß die die DDR „ziemlich gut finden sollen" – und das kann sie eigentlich nicht verstehen, weil sie eine Tante „drüben" hat, die ab und zu zu Besuch kommt – aber was sie hier hört, klingt alles sehr vernünftig, und die aus der Wohngemeinschaft und Ulli sind ja auch dabei. Und außerdem hat Ulli gesagt, daß man jetzt erst einmal die „Raketen" verhindern müsse und dann könne man auch irgendwann einmal über Polen und die DDR diskutieren. Irgendwie findet Susanne auch das Gruppengefühl gut. Hier wird man ernstgenommen. Man kann sich auch auf die anderen verlassen. Alles ist anders als an dem Gymnasium in Susannes Heimatstadt ... Nach acht Wochen ist Susanne Mitglied des MSB-Spartakus.

So oder ähnlich gelangen jedes Semester viele Studenten zu Anfang ihres Studiums in das nähere Umfeld extremer Studentenorganisationen. In Gesprächen mit „ehemaligen" und „aktiven" Mitgliedern der diversen extremen Gruppen wird deutlich, daß die meisten Studenten bei den ersten Kontakten zu diesen Gruppen kaum oder gar keine Vorstellung von Programmen, Zielsetzungen, Aktivitäten und innerverbandlichen Strukturen besitzen. Oft sind „Schlüsselerlebnisse" – wie in den beiden einleitenden Geschichten beschrieben – ausschlaggebend für eine Mitgliedschaft. Die persönliche Beziehung hat offensichtlich weit mehr „Überzeugungskraft“ als abstrakte Programme.

Vielen Studenten, die zu Beginn ihres Studiums Mitglied in einer extremen Studentenorganisation werden, wird die Tragweite ihres Entschlusses erst viel später bewußt. Erkennt man nach einiger Zeit, daß die politische Linie der „Organisation“ doch nicht – wie zunächst vermutet – mit den eigenen Vorstellungen übereinstimmt, ist ein Austritt schwierig. Zwischenmenschliche Beziehungen, Bindungen und gruppendynamische Prozesse sind dann oft stärker als der Wille zum „Absprung“.

Die Bemühungen vieler extremer Studentenorganisationen, neue Mitglieder zu werben, haben sich in den letzten Jahren verstärkt, teilweise mit Erfolg. Der Anteil dieser Gruppen in den Studentenparlamenten und Allgemeinen Studentenausschüssen sowie besonders bei den „Vereinigten Deutschen Studentenschaften e.V.“ (VDS) ist viel größer als vermutet. Wie schon erwähnt, waren 1985 fast 30 % der ASten von linksextremen Studenten besetzt.

Dieser „Erfolg“ ist unter anderem auf sehr umfangreiche, meist überregionale Agitation und Propaganda zurückzuführen. Jede extreme Studentenorganisation „verkauft“ sich mit einer Flut von Eigendarstellungen, die nicht selten tatsächliche politische Zielsetzungen unberücksichtigt lassen.

Zur Entstehungsgeschichte: Vom Sozialistischen Deutschen Studentenverband (SDS) zur Alternativ- und Friedensbewegung

Nach einem Jahrzehnt relativer Ruhe begann Anfang der sechziger Jahre an einigen Universitäten der Bundesrepublik Deutschland eine Phase hochschul- und allgemeinpolitischer studentischer Aktivitäten innerhalb und außerhalb des universitären Bereiches. Dies wurde anfangs in der öffentlichen Meinung als Normalität des Hochschulalltags gewertet, zumal politische Aktivitäten von Studenten in der jungen Geschichte der Bundesrepublik kein Novum darstellten. Die beiden Kampagnen nach der Gründung der Bundesrepublik 1949 – „Ohne mich" und „Kampf dem Atomtod" – stützten sich nicht zuletzt auch auf die Studentenschaft. Damals ging es um die Verhinderung der sogenannten „Wiederbewaffnung der Bundesrepublik Deutschland" und dann um den Kampf gegen die Ausrüstung der Bundeswehr (ab 1955) mit Trägersystemen für Atomwaffen.

Jetzt entwickelte sich an den Hochschulen eine neue Form studentischen Protestes, die, entgegen den Prognosen vieler Beobachter, bald eine ganz andere Dimension einnehmen sollte. Bei der Suche nach den Ursachen der studentischen Protestbewegung in den sechziger Jahren sind verschiedene Ereignisse mit einzubeziehen: Ein wichtiges Datum in diesem Zusammenhang ist der 6. November 1961. An diesem Tag faßte die Sozialdemokratische Partei Deutschlands den Beschluß der Unvereinbarkeit der Mitgliedschaft im damaligen Sozialistischen Deutschen Studentenbund (SDS) und in der Fördergesellschaft des SDS mit der gleichzeitigen Mitgliedschaft in der SPD. Dem Ganzen war schon im Mai 1960 die Gründung des Sozialdemokratischen Hochschulbundes vorangegangen. Die SPD begründete ihren Schritt mit dem Vorwurf gegenüber dem SDS, er sei mittlerweile zu stark kommunistisch beeinflußt und beteilige sich an „kommunistischen Umtrieben". Ob dieser Beschluß sinnvoll, begründet oder unbegründet war, kann man dahingestellt sein lassen. Entscheidend ist, was Gerd Langguth in seiner umfangreichen Arbeit „Protestbewegung" zum Beschluß der SPD von 1961 feststellt:

> „Damit wurde der SDS aus dem Integrationsfeld einer Partei entlassen, die dieser Studentenorganisation auf der anderen

Seite relativ viele Sympathien innerhalb der Studentenschaft brachte, auch wenn ein politischer Aufschwung bis zum Jahre 1965 kaum zu beobachten war."[1]

Obwohl sich der SDS längere Zeit bemühte, die Verbindungen zur SPD aufrechtzuhalten und verschiedentlich unterstrich, daß die SPD der eigentliche Repräsentant der „Sozialistischen Bewegung in Deutschland" sei (SDS-Delegiertenkonferenz im Oktober 1960), waren die ideologischen Unterschiede mittlerweile unüberbrückbar geworden. Der „Kampf" gegen den deutschen Verteidigungsbeitrag, besonders aber die ablehnende Haltung des SDS gegenüber dem Godesberger Programm der SPD von 1959 machten dies immer wieder deutlich. In der Parteizentrale der Sozialdemokraten wurde dem SDS sogar vorgeworfen, er ziele durch eine organisatorische Zersetzung der SPD bewußt auf eine Parteienspaltung, ein Zustand, den man unter keinen Umständen akzeptieren könne.

Das Jahr 1961 brachte für den SDS zwar noch keine größere Mobilisierung von Studenten, wohl aber den Versuch, ideologische Positionen für die weitere Arbeit abzuklären. In seiner Hochschuldenkschrift von 1961 ließ der SDS erkennen, daß er sich künftig besonders auf hochschulpolitische Arbeit (Demokratisierung der Universitäten, Verbesserung der sozialen Lage der Studenten – z. B. durch Studienhonorare) konzentrieren werde. Bis 1964 waren an den Universitäten der Bundesrepublik jedoch nur relativ wenige Studenten bereit, die Arbeit des SDS aktiv mitzugestalten. Dieser fehlende Zulauf ist nicht zuletzt mit internen Streitereien um die Frage zu erklären, ob denn nun der SDS als Kern einer neuen sozialistischen Partei angesehen werden könne oder nicht?[2] Der Mai 1964 brachte dann allerdings mit dem sogenannten „Hoechster Abkommen"[3] die erwünschte Konsolidierung und machte den SDS in kurzer Zeit zur führenden Kraft innerhalb der sich abzeichnenden sogenannten „antiautoritären" Revolte.

---

1 Gerd Langguth „Protestbewegung. Entwicklung, Niedergang, Renaissance" Köln 1983, S. 24.

2 Vgl. Neue Kritik, Nr. 13, November 1962, S. 5 ff.

3 „Dieses Abkommen wurde zwischen SDS, dem SHB, der Humanistischen Studentenunion (HSU), dem Liberalen Studentenbund Deutschlands (LSD) und dem Bundesvorstand Deutsch-Israelischer Studenten (BDIS) geschlossen", Gerd Langguth, „Protestbewegung", a.a.O., S. 25.

Zentrum der ersten Aktionen, die wegen ihrer spektakulären Durchführung schon bald für Schlagzeilen sorgten, war Berlin. Die Freie Universität, hier besonders der Fachbereich Politische Wissenschaften, war Mitte der sechziger Jahre Anziehungspunkt für viele, vornehmlich linksorientierte Studenten, die sich am Politikwissenschaftlichen Otto-Suhr-Institut der Freien Universität eine politische Heimat erhofften, die aber auch in vielen Fällen mit ihrem ersten Wohnsitz in Berlin eine Einberufung zur Bundeswehr umgehen wollten. Entsprechend hoch war auch die Dichte linker und linksextremer Studentenführer. 1965 konzentrierten sich die Protestaktionen auch weitgehend auf den internen Bereich der Freien Universität Berlin. Bei verschiedenen Auseinandersetzungen mit dem Rektorat wurden auch erstmalig neue Formen des „Protestes" gewählt, wie: „Sit-In" und „Go-In". Anfang 1966 kam zu der innenpolitischen Komponente des Protestes die außenpolitische: Am 5. Februar 1966 demonstrierten erstmalig 2000 Personen gegen die Kriegsführung der USA in Vietnam. Zahlreiche kleinere Demonstrationen mit jeweils mehreren hundert Teilnehmern schlossen sich in den nächsten Wochen und Monaten an. Immer noch waren die Hauptaktivitäten auf Berlin begrenzt. Anläßlich des Besuches des Schahs von Persien am 2. Juni 1967 setzte dann mit dem Tod des Studenten Benno Ohnesorg eine Eskalationsphase ein. Ohnesorg war durch den Schuß eines Polizeibeamten bei Tumulten vor der Deutschen Oper in Berlin zu Tode gekommen. Anläßlich der Beisetzung des Studenten fanden in vielen Universitätsstädten im Bundesgebiet Protestkundgebungen statt. Die Auseinandersetzung hatte plötzlich eine neue Dimension erhalten. Führende Funktionäre des SDS sprachen jetzt nicht mehr von der antiautoritären Studentenrevolte in Berlin, sondern von der Formierung einer bundesweiten „Außerparlamentarischen Opposition".

Bei der Suche nach den Ursachen dieser Entwicklung müssen verschiedene wichtige Bedingungsfaktoren mit berücksichtigt werden:

- Die Beeinflussung des SDS durch die Ideologie des Neomarxismus[4] und

4 Zu den politischen Konzeptionen des SDS vgl. u. a.: René Ahlberg, Die politische Konzeption des Sozialistischen Deutschen Studentenbundes, Bonn 1986; Josef Oelinger, Die neue Linke und der SDS, Köln 1969; Rudi Dutschke, Mein langer Marsch (Hrsg.: Gretchen Dutschke-Klotz, Helmut Gollwitzer und Jürgen Miermeister), Hamburg 1983.

– die politische Konstellation (große Koalition von SPD/CDU/CSU) in der Bundesrepublik Deutschland zum damaligen Zeitpunkt.[5]

Christoph Oehler gibt weitere, eher hochschulinterne Gründe an: „Für die Studenten bestand aber – abgesehen von der Wiederaufbauphase – nur in dem historischen Moment eine Chance, umfassende politische Legitimation für ihr Handeln zu erhalten, als folgendes zusammentraf:

- Hochschulexpansion nach den Empfehlungen des Wissenschaftsrates,
- quantitatives Überwiegen der Nachkriegsgeneration unter den jüngeren Semestern,
- Vorhandensein einer an Statusveränderung interessierten Führungselite im akademischen Mittelbau bzw. unter den Assistenten mit entsprechenden systemkritischen Theoriebeständen."[6]

Darüber hinaus muß auch berücksichtigt werden, „... daß die Studenten und ein Teil der Hochschullehrer entschieden normative Fragen an Staat und Gesellschaft, Wissenschaft und Hochschulpolitik richteten, die bislang in der Öffentlichkeit entweder übersehen oder auch verdrängt worden waren. Fragen, wie z. B. nach dem Sinn und den Gefahren einer technisch-ökonomischen Rationalität und einer idealen Gesellschaftsordnung, waren auch vor 1949 lebhaft erörtert, aber dann im Zuge des Wiederaufbaus, des wirtschaftlichen Aufschwungs, der Ost-West-Gegensätze aus pragmatischen Gründen beiseite geschoben worden."[7]

Von einer einheitlichen Ideologie des SDS kann sicher nicht gesprochen werden. Zu unterschiedlich waren die politischen Positionen der einzelnen Führer (selbst Rudi Dutschke war im SDS keineswegs unumstritten), zu verschieden waren die Lehren derjenigen, auf die man sich berief: von Herbert Marcuse, Max Horkheimer, Theodor Adorno, Wolfgang Abendroth, André Gorz, Trotzki, Lenin, Mao-Tsetung bis hin zu Fidel Castro und Che Guevara. Die

---

5 Vgl. hierzu die lesenswerte Analyse von Arnulf Baring: Machtwechsel – Die Ära Brandt-Scheel, München 1984, besonders den Abschnitt „Ursachen und Ziele der Studentenbewegung", S. 80 ff.

6 Christoph Oehler, Wissenschaftliche Bildung – Gesellschaftspolitische Prämissen und Konsequenzen, in: Bundeszentrale für Politsche Bildung (Hrsg.), Politische Sozialisation an Hochschulen, Bonn 1985, S. 38.

7 Peter Hüttenberger, Universität und Gesellschaft, in: Bundeszentrale für Politische Bildung (Hrsg.), Politische Sozialisation an Hochschulen, a.a.O., S. 47.

Gesellschaftskritik von Marcuse am „kapitalistischen Staat“ wurde zu einer Gesellschaftskritik an der „kapitalistischen BRD“ umgeschrieben. Seine Idee vom „neuen Menschen“ in einer „Kultur ohne Unterdrückung“, ohne „repressive Mechanismen“[8] prägte die Zielvorstellungen des SDS maßgeblich. Auch die „kritische Theorie“ Horkheimers,[9] in der die Theorie des autoritären Staates formuliert wurde, bildete mit die Grundlage der SDS-Gesellschaftsanalyse.

Von Lenin, Mao, Castro und Guevara übernahm man weniger die Ideologie als nur die Revolutionstechniken. Abgesehen von den abstrakten „rätedemokratischen Modellen“ gab es keine klare Alternative zur bestehenden Gesellschaftsordnung. Man beschränkte sich ganz im Sinne von Marcuse auf die „Negation der bestehenden Verhältnisse“.

> „Können wir arbeiten für die Umwälzung der bestehenden Gesellschaft, ohne eine solche konkrete Alternative anzugeben? Die konkrete Alternative ist bis jetzt Negation, aber in dem Negativen selbst steckt schon das Positive. Lassen Sie mich ein Beispiel geben: Wenn ich zum Beispiel die Frage in Amerika beantworten soll: Was wollt ihr eigentlich anstelle der bisherigen Gesellschaft, würde ich sagen: Wir wollen eine Gesellschaft, in der es keine Kolonialkriege gibt, in der keine Kolonialkriege geführt werden müssen, in der keine faschistischen Diktaturen eingerichtet werden müssen, in der es keine zweitklassigen und drittklassigen Bürger mehr gibt. – Das ist alles negativ formuliert, aber man muß schon ein Vollidiot sein, um nicht zu sehen, daß in der negativen Formulierung bereits das Positive steckt.“[10]

Ende der sechziger Jahre war in der Bundesrepublik weit und breit keine parlamentarische Opposition zu sehen, die sich zum Anwalt solcher Interessen und Ziele gemacht hätte. Die FDP konnte und wollte die Rolle als Opposition nicht spielen. CDU/CSU und SPD konzentrierten sich als große Koalition aus Sicht des SDS ganz auf das „Durchpeitschen“ der Notstandsgesetzgebung. Am rechten Rand des Parteienspektrums zeichnete sich der Aufstieg der

---

8 Vgl.: Herbert Marcuse, Der eindimensionale Mensch, Berlin u. Neuwied 1967; ders., Ideen zu einer kritischen Theorie der Gesellschaft, Frankfurt/M. 1969, 4. Aufl.

9 Max Horkheimer, Autoritärer Staat, in: Kritische Theorie der Gesellschaft III, (Hrsg.), Marxismuskollektiv, Frankfurt/M. 1968.

10 Herbert Marcuse, Das Ende der Utopie, Berlin 1967, S. 66 f.

rechtsextremen NPD deutlich ab. Es kann kein Zweifel daran bestehen, daß diese Konstellation der politischen Kräfte das Aufleben einer außerparlamentarischen Opposition begünstigte. Fritz Leonhardt beschreibt diese Hintergründe zutreffend:

> „Unsere großen politischen Parteien haben sich zweifellos um die Jugend, vor allem um die Studenten, viel zu wenig gekümmert. Sie haben sogar die auf Reformen drängenden jungen Studenten, die sich im SDS als Studentengruppe der SPD zusammengeschlossen hatten, ausgeschlossen. So fühlen sie sich als ohnmächtige Außenstehende. Das Verschwinden einer starken Opposition im Parlament durch die Große Koalition ließ folgerichtig den Gedanken der außerparlamentarischen Opposition reifen.“[11]

Zwischen dem Sommer 1967 und dem Herbst 1968 erlebte die Bundesrepublik eine bis dahin unbekannte Form massiven, teilweise auch mit Gewalt vorgetragenen studentischen Protestes. Als herausragende Ereignisse sind hier zu nennen: 17./18. Februar 1968 Vietnam-Kongreß in Berlin mit rund 10 000 Demonstranten, Osterunruhen bundesweit nach dem Mordanschlag auf Rudi Dutschke am 11. April 1968 und Notstandskampagne im Mai 1968.

> „Diese zweite Phase wurde weiterhin durch zahlreiche Aktionen gegen die Springer-Presse und gegen die Große Koalition geprägt. Sie war mithin gekennzeichnet durch eine Ausdehnung auf die gesamte Bundesrepublik und die Öffnung zu Themenstellungen, die außerhalb des Hochschulbereiches lagen, wobei dennoch durch entsprechende Vorlesungsstörungen vor allem mißliebige Professoren Zielpunkt radikaler Kritik waren.“[12]

Der SDS ließ in dieser gesamten Eskalationsphase durch führende Funktionäre erkennen, daß er zunehmend bereit war, zur Durchsetzung eigener Zielvorstellungen auch Gewalt anzuwenden. Dabei bediente er sich der strittigen, in der Praxis aber undurchführbaren Formel: „Gewalt gegen Personen nein, Gewalt gegen Sachen ja!“ Daß man ein Polizeifahrzeug nicht zerstören kann, ohne die Besatzung auf das Äußerste zu gefährden, wurde immer wieder deutlich. Besonders hart waren die Zusammenstöße mit der Polizei bei Aktionen gegen den Springer-Konzern.

---

11 Fritz Leonhardt, Studentenunruhen, Ursachen, Reformen, Stuttgart 1969, S. 100.

12 Gerd Langguth „Protestbewegung“, a.a.O., S. 27.

Trotz Konzentration auf die Formierung massiven Widerstandes zur außerparlamentarischen Verhinderung der Notstandsgesetze, gelang es dem SDS nicht – auch nicht in Teilbereichen, dieses Hauptziel zu erreichen. Die Folge war eine Phase tiefer Resignation, nicht nur beim SDS sondern auch bei allen anderen Gruppen der APO im gesamten Bundesgebiet. Zwar sagte man für 1969 wiederum einen „heißen Sommer" voraus, war aber offensichtlich nicht mehr in der Lage, für geplante Aktionen mit allgemeinpolitischen Zielsetzungen genügend Studenten zu mobilisieren. Die Folge war eine Rückbesinnung auf die Hochschule als Agitationsfeld. Die zunehmende fehlende Durchschlagskraft konnte nicht ohne Rückwirkung auf den SDS bleiben. Zwar versuchte man noch auf der 21. ordentlichen Mitgliederversammlung im März 1969 den ohnehin kaum funktionsfähigen Verband deutscher Studentenschaften in einen „Sozialrevolutionären Kampfverband" umzuorganisieren, jedoch ohne Erfolg. Die innere Zerrissenheit des SDS wurde auf einer der letzten Delegierten-Konferenzen im April 1969 deutlich. Hier konnten weder verbindliche Beschlüsse gefaßt werden, noch waren die vertretenen Gruppen überhaupt in der Lage, sich auf eine gemeinsame Strategie festzulegen.

„Das Auftreten von ‚Roten Zellen' in Berlin und anderen Orten und die dann am 21. März 1970 in Frankfurt vollzogene Auflösung des SDS als Bundesverband verliehen diesen ideologisch begründeten Spaltungstendenzen beredten Ausdruck. Die Auflösung des SDS am 21. März 1970 in Frankfurt stellte schließlich nur noch den mehr oder weniger formalen Abschluß der Tatsache dar, daß der SDS schon längst aufgehört hatte, als Organisation zu funktionieren. Dieser hatte sich zumeist in eine Vielzahl von Basisgruppen, Ad-hoc-Gruppen und Roten Zellen verwandelt."[13]

Von der Auflösung des SDS im März 1970 bis zur Bildung kommunistischer Kaderorganisationen ab Sommer 1971 setzte eine Phase ideologischer Umorientierung ein. Ausnahmen bildeten hier die DKP, die sich als Nachfolgeorganisation der 1956 verbotenen KPD bereits schon 1968/69 neu konstituierte und ihren ersten Parteitag 1970 in Düsseldorf veranstaltete, und die nach Albanien und China orientierte KPD-ML, die sich Dezember 1968 gründete. Beide Parteien rekrutierten ihre Mitglieder jedoch nicht vornehmlich aus dem studentischen Bereich. Die Masse der ehemaligen SDS-Akti-

---

13 Gerd Langguth, „Protestbewegung", a.a.O., S. 29.

visten erkannte, daß durch einen relativ losen Zusammenschluß in Form einer heterogenen außerparlamentarischen Opposition zwar öffentlichkeitswirksame Protestveranstaltungen zu organisieren waren, aber kein entscheidender Einfluß auf politische Entscheidungen genommen werden konnte. Viele SDS-Anhänger der sechziger Jahre resignierten und flüchteten sich mit oder ohne Studienabschluß ins private Leben.

Nur wenige traten den von Studentenführer Rudi Dutschke proklamierten „langen Marsch durch die Institutionen" an. Es ist bis heute höchst umstritten, wieviel SDS-Aktivisten den Weg durch die Schul- und Ministerialbürokratie unter Beibehaltung ihrer revolutionären Zielsetzungen durchgestanden haben, ohne von den Annehmlichkeiten des „menschenfeindlichen kapitalistischen Systems" aufgesogen zu werden. Diejenigen jedoch, die diese „Lösungen" nicht akzeptierten und weiter auf eine Revolutionierung der Bundesrepublik hinarbeiten wollten, diskutierten in den Jahren 1971/72 besonders über zwei strittige Fragen: Wer soll eigentlich das revolutionäre Subjekt und damit Träger des Klassenkampfes sein, und wer soll eigentlich den Klassenkampf organisieren? Eine nicht genau festgelegte, allgemeine Basis oder kommunistische Kaderorganisationen? Die Meinungen gingen hierüber weit auseinander. Einerseits sahen die sogenannten „Antiautoritären" in den Studenten und in den Intellektuellen den Träger des Kampfes, da die Arbeiterklasse momentan wegen eines fehlenden notwendigen Bewußtseinsstandes nicht in der Lage sei, den „Kampf" selbst zu führen. Andere Gruppen glaubten, daß nur der Proletarier selbst die Revolution führen könne und daß es darum notwendig sei, in die Betriebe zu gehen, um von innen heraus den „Klassenkampf" zu organisieren.

Schließlich setzte sich die Erkenntnis durch, daß nur straff organisierte Kaderorganisationen in der Lage sein würden, überregional einen revolutionären Gesellschaftszustand herbeizuführen. Die Folge war der rasche Aufbau nach leninistischem Prinzip organisierter und geführter Parteien.[14] Mit der Gründung der diversen Kaderorganisationen setzte jedoch zugleich auch der Kampf um den richtigen Weg ein. Das Ergebnis war, daß sich die einzelnen Grup-

14 Eine besonders extreme Variante solcher Überzeugung war der Entschluß einiger linksextremer Studenten, in Form einer Roten Armee Fraktion (RAF) eine Stadtguerilla aufzubauen. Ursachen, Reaktionen und Auswirkungen der sogenannten „Baader-Meinhof-Bande" und der verschiedenen, teilweise bis heute operierenden Nachfolgeorganisationen sind jedoch so umfangreich, daß sie hier nicht weiter dargestellt werden können.

pen heftig bekämpften und lange Zeit mehr mit sich selbst als mit dem eigentlichen „Hauptfeind" – dem „kapitalistischen System" – beschäftigt waren. Wie unübersichtlich im Jahre 1971 die Situation war, geht aus einem Bericht des damaligen Bundesinnenministers Genscher vom 5. April 1971 hervor. Danach waren 1971 in der Bundesrepublik und West-Berlin 250 linksextreme und -radikale Gruppen mit rund 84 300 Mitgliedern bekannt. Dazu gehörten rund 81 000 Mitglieder 130 orthodox-kommunistischen Gruppen an. 320 Kampfblätter mit einer Auflage von mehr als 1,6 Millionen Exemplaren standen zur Verfügung.[15] Diese Fraktionierung war auf Dauer jedoch nicht durchzuhalten. Der Kräfteverschleiß war offensichtlich zu groß. Hierzu kam, daß der erhoffte Zulauf aus der arbeitenden Bevölkerung ausblieb. Die Folge war eine starke Zentralisierung bis Mitte der siebziger Jahre. Neben wenigen trotzkistischen und anarchistischen Gruppen mit teilweise nur regionaler Bedeutung standen sich bald zwei Hauptgruppen gegenüber:

- Die orthodox-kommunistischen Organisationen um die DKP, die sich bedingungslos an der ideologischen Leitlinie Moskaus und Ost-Berlins orientierten. Hierzu zählen besonders der Marxistische Studentenbund Spartakus (MSB)[16] und die Sozialistische Deutsche Arbeiterjugend (SDAJ) sowie die zahlreichen von der DKP beeinflußten Gruppierungen (DFU, VVN/BdA, DFG/VK und ab 1979 das KFAZ). Alle diese Gruppen spielen auch heute noch im Bereich des Linksradikalismus und -extremismus eine bedeutende Rolle.
- Die maoistischen Organisationen (auch K-Gruppen genannt). Die wichtigsten waren die KPD/ML des ehemaligen KPD-Funktionärs Ernst Aust (besteht heute unter der Bezeichnung KPD weiter fort), der KBW (Gründung Juni 1973, Auflösung Ende 1984), die KPD (Gründung Juni 1971, Auflösung März 1980), der KABD (Gründung Anfang 1970, wird heute unter der Bezeichnung MLPD weiter fortgeführt), der Arbeiterbund für den Wiederaufbau der KPD(AB) (Gründung Mai 1973) und der Kommunistische Bund (KB) (Gründung Ende 1971, besteht weiter fort).

Während sich die orthodox-kommunistischen Gruppen in den siebziger Jahren und praktisch bis heute – gemessen am Wähler- und Mitgliederpotential – im wesentlichen halten konnten, setzte

---

15 Vgl. Bundesdrucksache VI/2074.
16 Vgl. Der Marxistische Studentenbund Spartakus, S. 31 ff.

bei den maoistisch-kommunistischen Parteien Ende der siebziger Jahre ein deutlicher Zerfallsprozeß ein. Die Abspaltung und Austritte bei den K-Gruppen sind besonders auf zwei Punkte zurückzuführen: Zum einen hatte der Tod des großen ideologischen Führers Mao-Tsetung im September 1976 und die Nachfolgekämpfe in der KP Chinas direkte Rückwirkungen auf die innerparteilichen Diskussionen der Maoisten in der Bundesrepublik. Der neue Weg Chinas hin zu einer größeren Anlehnung an den Westen, besonders Amerika, konnte verständlicherweise von vielen Aktivisten, die in den USA ihren Hauptfeind erkannt hatten, nicht mitgetragen werden.

Zum anderen gewannen sogenannte Undogmatische und Sponti-Gruppen in der zweiten Hälfte der siebziger Jahre einen immer stärkeren Einfluß in der linken Szene. Begleitet wurde diese Entwicklung durch die sich in dieser Zeit sprunghaft über die ganze Bundesrepublik ausdehnende Umweltschutzbewegung, die schon bald zu einem Sammelbecken unterschiedlichster weltanschaulicher Gruppen werden sollte. „Die Entwicklung einer Grünen Bundespartei, die 1980 offiziell gegründet wurde und erstmals an einer Bundestagswahl teilnahm, hat stark zum teilweisen Zusammenbruch der marxistisch-leninistischen Bewegung beigetragen. Immer mehr Mitglieder dieser Organisation erkannten, daß nur in einer an populären Forderungen orientierten Umweltschutzbewegung eine Massenbasis erreicht werden könnte.“[17]

Weitere neue Erscheinungsformen des Protestes kamen hinzu. Traditionelle Revolutionsmodelle traten zugunsten des sogenannten „Häuserkampfes“, an dem sich Mitglieder fast aller linksradikalen und extremen Gruppen beteiligten, in den Hintergrund. Leerstehende Häuser sollten mit Schwerpunkt in Berlin und Hamburg „instandbesetzt“ werden, um damit eine neue Form des Widerstandes gegen die „bürgerliche Gesellschaft“ zu dokumentieren. Sehr oft kam es bei diesen Aktivitäten zu gewaltsamen Auseinandersetzungen mit der Polizei. Parallel dazu entwickelte sich, wiederum mit Schwerpunkt Berlin, eine neue Alternativbewegung mit dem Ziel, eine Gegenkultur zur „bestehenden Herrschaftsordnung“ aufzubauen. Die Errichtung von alternativen Bio-Läden, Werkstätten, Theatern usw. waren der Versuch, Theorie sozialistischer Lebens-

17 Gerd Langguth, „Protestbewegung“, a.a.O., S. 34.

weise vom Kopf auf die Füße zu stellen, um eine „Utopie schon heute Wirklichkeit werden zu lassen".

Die Gründe für diese Alternative Lebensweise wurden vor kurzem in einer umfangreichen empirischen Untersuchung aufgezeigt.[18] Das einzigartige an dieser Untersuchung ist, daß sie im Gegensatz zu den vielen anderen vorliegenden empirischen Arbeiten zu dieser Fragestellung *innerhalb* der Alternativen Szene durchgeführt werden konnte. Im Zusammenhang mit dem Thema „grundlegende Werthaltungen und Einstellungen in der Alternativen Szene" kamen die Kölner Wissenschaftler u. a. zu dem Ergebnis:

> „Seit Anfang der 70er Jahre entwickelt sich eine gegenüber der bestehenden Gesellschaftsordnung als „Alternative" verstandene Bewegung, die ihre eigenen Werte und Normsysteme herausbildet. Gegenüber Wachstums-, Leistungs- und materiellen Werten gewinnen immer mehr sogenannte immaterielle Werte und alternative Lebensziele an Bedeutung. Dieser Vorgang, der im wörtlichen Sinne einen „Wertewandel" darstellt, ist besonders stark bei Aktivanhängern der Friedensbewegung ausgeprägt. Traditionelle Werte und Lebensziele wie Familie und Kinder, finanzielles Auskommen, Karriere und Erfolg, gesicherte Position, Leistung und Arbeit, angesehene Stellung in der Gesellschaft, Konsumorientierung spielen in diesen Werthaltungen eine untergeordnete Bedeutung.
> Als Orientierungspunkte der eigenen Lebensverwirklichung werden sie abgelehnt. An ihre Stelle treten in zunehmendem Maße Werte, die sich als Ausdruck eines gewandelten Selbstverständnisses verstehen lassen. Diese alternativen Werte, die gleichzeitig die Bedeutung von Zielsetzungen und Forderungen haben, sind vor allem
> - friedliche Umwelt (von 78 % der Befragten genannt),
> - saubere Umwelt (74 %),
> - befriedigende Beziehung zu den Mitmenschen (63 %),
> - eine Arbeit, mit der ich mich voll identifizieren kann (50 %)."

Die bestimmende Größe im linken politischen Spektrum von 1980 bis 1984 aber war – als Reaktion auf den NATO-Doppelbeschluß vom 12. 12. 1979 – die Friedensbewegung, deren zahlreiche Aktivi-

18 Institut für empirische Psychologie, „Die Alternative Szene in der Bundesrepublik Deutschland und ihre Auswirkungen auf die Bevölkerung", Köln, September 1984.

täten in stark abgeschwächter Form bis heute andauern.[19] In ihr fanden und finden sich die unterschiedlichsten Gruppen. Alternative, Spontis, Orthodox-Kommunisten, Maoisten, Sozialdemokraten, Gewerkschaftler, Christen und viele mehr zusammen, getragen von dem sogenannten „Minimalkonsens“ – nämlich der Verhinderung der Aufstellung neuer amerikanischer Mittelstreckenraketen in Mitteleuropa.[20] Besonders die orthodox-kommunistischen Gruppen versuchen, bestimmenden Einfluß auf die Aktivitäten der Friedensbewegung zu gewinnen. Diese Versuche halten auch heute noch an und sind zum Teil erfolgreich.

19 Vgl. Gottfried Linn, „Die Kampagne gegen den NATO-Doppelbeschluß“ (DV, Band 5), und Frank S. Rödiger, „Frieden um welchen Preis?“ (DV, Band 7/8).

20 Einige Autoren sind der Auffassung, daß die Friedensbewegung nach wie vor ihre Dynamik und Mobilisierungsfähigkeit beibehalten hat. Vgl. hierzu u. a. in „Sicherheit und Frieden“, Jahrgang 2, Heft 3/1985, die Beiträge von Ulrike C. Wassmuth, „Ist die Friedensbewegung tot? Eine Auseinandersetzung mit der Rolle und Funktion ihrer Organisation: der Koordinierungsausschuß“.

Der Einfluß linker und linksextremer Gruppen auf die Studentenvertretungen von 1980 bis 1985

Anfang der achtziger Jahre ließen sich an den 40 Hochschulen der Bundesrepublik Deutschland mit zum Teil eigenen studentischen Vertretungen in verschiedenen Abteilungen folgende extremistische Hauptströme feststellen:

- Gruppen, die der „Neuen Linken" zuzurechnen sind,
- Gruppen, die der orthodox-kommunistischen Ideologie angehören, und SHB.

Die Gruppe der „Neuen Linken" läßt sich in die sogenannte „Dogmatische Neue Linke" (das sind in der Regel die Hochschulgruppen der schon zu Beginn der achtziger Jahre durch Spaltungen und Auflösung stark geschwächten maoistischen K-Gruppen) und die „Undogmatische Neue Linke" aufteilen. Die „Undogmatische Neue Linke" besteht an den meisten Hochschulen in Form der sogenannten Basisgruppen oder sonstiger Spontis, Autonomen usw.[1]

Zur Gruppe der „orthodoxen Kommunisten" gehören im Hochschulbereich die etwa 100 DKP-Hochschulgruppen, denen die an einer Hochschule studierenden und beschäftigten DKP-Mitglieder angehören, und der MSB-Spartakus,[2] die Studentenorganisationen der DKP. Der mittlerweile rein marxistische, seit Jahren mit dem MSB eng verbundene SHB[3] muß in der Bewertung diesem Spektrum zugerechnet werden.

Die „Neue Linke"

In den fünf Jahren von 1980 bis 1985 bleiben die Hochschulen ein wichtiges Aktions- und Rekrutierungsfeld der „Neuen Linken". Zahlenmäßig läßt sich der Einfluß der undogmatischen Gruppen der „Neuen Linken" folgendermaßen erfassen:[4]

---

1 Vgl. Basisgruppen, Spontis, Undogmatische, S. 63 ff.
2 Vgl. Der Marxistische Studentenbund Spartakus, S. 31 ff.
3 Vgl. Der Sozialistische Hochschulbund, S. 41 ff.
4 Verfassungsschutzberichte 1980–1985.

	Sitze in den Allgemeinen Studentenausschüssen (ASten)	Sitze in den Studentenparlamenten
1980	13 %	10 %
1981	12,8 %	10,5 %
1982	17,5 %[5]	14,6 %[5]
1983	17 %[5]	13 %[5]
1984	17 %[5]	11 %[5]
1985	20 %[5]	10,9 %[5]

Wie schwach dagegen der Einfluß der „dogmatischen neuen Linken/K-Gruppen" war, läßt sich aus folgenden Zahlen entnehmen:

	Sitze in den Allgemeinen Studentenausschüssen (ASten)	Sitze in den Studentenparlamenten
1980	2 %	nicht erfaßt
1981	1,5 %	2,5 %
1982 und folgende Jahre nicht mehr erfaßt		

Im Gegensatz zu den „dogmatischen" konnten die „undogmatischen" Gruppen der Neuen Linken also von 1980 – 1985 ihren Einfluß behaupten. Nach wie vor ist ein Vertreter der Basisgruppen Mitglied des vierköpfigen VDS-Vorstandes. Die Positionen der Basisgruppen im VDS wie auch an den einzelnen Hochschulen der Bundesrepublik zeichnen sich in letzter Zeit durch besonders extreme Verhaltensweisen und Forderungen aus.

Der Niedergang der K-Gruppen setzte, wie schon erwähnt, Ende der siebziger Jahre ein und beschleunigte sich Anfang der achtziger zusehends. Einzelne dieser Gruppen versuchten, über Wahl- und Aktionsbündnisse aus der Isolierung herauszufinden. Die bisher handlungsfähigsten Gruppen, die „Kommunistischen Hochschulgruppen" (KHG) und „Kommunistischen Studentenbünde"

5 Ab 1982 werden die Sitze in den Studentenparlamenten und ASten der „Neuen Linken" insgesamt (also undogmatische *und* dogmatische Gruppen) erfaßt, da wegen der Auflösungstendenzen bei den dogmatischen Gruppen keine sinnvolle statistische Auflistung möglich ist.

(KSB) des „Kommunistischen Bundes Westdeutschland" (KBW) wurden infolge der Spaltung des KBW im September 1980 geschwächt. Ihr Mitgliederbestand sank 1980 auf weniger als 200 (1979: 500). Das „Zentrale Komitee" (ZK) des KBW forderte die Gruppen auf, sich künftig als KBW-Zellen zu organisieren. Dagegen versuchte der vom KBW abgespaltene „Bund Westdeutscher Kommunisten" (BWK) die Arbeit des KHG und KSB fortzuführen. Die noch vom KBW beeinflußten KBW-Hochschulgruppen funktionierten nicht. Die Kommunistische Partei Deutschlands (Marxisten-Leninisten) suchte 1981 mit der Gründung der „Kommunistischen Studenten" (KS) einen neuen Ansatz für ihre Agitation unter den Studenten. Gewissermaßen als „letzten Versuch" bemühten sich 1982 Mitglieder einiger K-Gruppen, sich an diversen Bündnissen an den Hochschulen zu beteiligen – ebenfalls erfolglos. Auf Initiative des BWK gründeten K-Gruppen Ende 1982 die „Arbeitsgemeinschaft für revolutionäre Hochschulpolitik". Diese bis heute weitgehend erfolglos arbeitende „Initiative" setzt sich aus folgenden Gruppen zusammen: BWK, Freie Arbeiter Union Studenten (FAUST), FAU-HD (Anarchisten), Freie Arbeiter Union/Rätekommunisten (FAU/R), Kommunistische Studenten (KS) der KPD und einigen Unorganisierten.[6]

Die orthodox-kommunistischen Gruppen und der SHB

Von 1980 bis 1985 hielten die Aktivitäten der rund 100 DKP-Hochschulgruppen, des MSB-Spartakus und des SHB unvermindert an. MSB-Spartakus und SHB sind im vierköpfigen VDS-Vorstand nach wie vor mit je einem Funktionär vertreten, was ihnen jederzeit einen großen Einfluß ermöglicht. Wie beide Gruppen in den ASten bzw. Studentenparlamenten repräsentiert sind, ergibt sich aus folgendem Überblick:[7]

6 Vgl. Die K-Gruppen oder die „Dogmatische Neue Linke", S. 48 ff.
7 Vgl. Verfassungsschutzberichte 1980 – 1985.

MSB-Spartakus und der West-Berliner „Ableger"
„Aktionsgemeinschaft von Demokraten und Sozialisten West-Berlin"

	Sitze in den Allgemeinen Studentenausschüssen (ASten)	Sitze in den Studentenparlamenten
1980	11,1 %	11,1 %
1981	12 %	12 %
1982	7,6 %	11,5 %
1983	10 %	11,4 %
1984	9,2 %	10,7 %
1985	5,1 %	11,6 %

SHB

	Sitze in den Allgemeinen Studentenausschüssen (ASten)	Sitze in den Studentenparlamenten
1980	12,4 %	8,7 %
1981	11 %	9 %
1982	8,5 %	7 %
1983	7,5 %	7,4 %
1984	4,7 %	6,1 %
1985	3,3 %	5,6 %

Das Bundesministerium des Innern kommt bei einer Bewertung von DKP-Hochschulgruppen, MSB-Spartakus und SHB zu folgender Beurteilung:

> „Die DKP mit ihren etwa 100 Hochschulgruppen – denen die an einer Hochschule studierenden und beschäftigten Parteimitglieder angehören – und ihr Studentenverband, der Marxistische Studentenbund Spartakus (MSB) setzten (1984, der Verf.) ihre regen hochschulpolitischen Aktivitäten fort. Dabei stärken die DKP-Hochschulgruppen den MSB durch ‚aktive und beispielhafte Mitarbeit'; ‚jeder kommunistische Student ein aktiver MSBler'.

Der MSB hielt an seiner Politik der gewerkschaftlichen Orientierung fest: Anknüpfend an soziale und hochschulpolitische Anliegen der Studenten bemühte er sich um Einfluß in den studentischen Vertretungen und um Zusammenarbeit mit Gewerkschaften. Besonderer Schwerpunkt seiner Aktivitäten blieb das Streben nach ‚Aktionseinheit' mit Sozialdemokraten, vor allem mit den ‚Jungsozialisten-Hochschulgruppen' (Juso-HG). Seine langjährige ‚Aktionseinheit' mit dem Sozialistischen Hochschulbund (SHB) bezeichnet der MSB als ‚Strategisches Zentrum' und ‚fortgeschrittenste Form der Zusammenarbeit'. Noch gebe es nur in der Studentenschaft eine Organisation wie den SHB – ‚eine marxistische Organisation der Sozialdemokratie', in deren Reihen die ‚Aktionseinheit als programmatischer Grundsatz' gelte. Positiv konnte der MSB auch seine Beziehungen zu demokratischen Studentenorganisationen bewerten und nach der Mitgliederversammlung der ‚Vereinigten Deutschen Studentenschaften' (VDS) Ende März 1984 in Köln die ‚Neue stabile Einheit im studentischen Dachverband auf kämpferischer Basis' herausstellen. Dem neuen vierköpfigen VDS-Vorstand gehören wieder je ein Vertreter des MSB, des SHB, der Juso-HG und der Jungdemokraten an. Damit reichen die Einflußmöglichkeiten von MSB und SHB weit über die eigenen Stimmenanteile bei Wahlen zu den Studentenvertretungen hinaus."[8]

Linke und linksextreme Studentengruppen gehen oft Koalitionen ein, und es gelingt ihnen immer wieder, durch taktische Bündnisse viele Allgemeine Studentenausschüsse (ASten) zu beherrschen. Analysiert man die Ergebnisse der Wahlen zu den Studentenvertretungen im Sommersemester 1986, so wird dies deutlich. Einige exemplarische Wahlergebnisse zu den Studentenparlamenten bzw. ASten bekannter Universitäten geben hierüber Aufschluß.[9] Die Allgemeinen Studentenausschüsse werden jeweils von Studentenparlamenten gewählt und nehmen für sich in Anspruch, die Interessen der Studenten aller Universitäten zu vertreten. Angesichts der geringen Wahlbeteiligungen haben sie allerdings eine ausgesprochen fragwürdige Basis.

8 Der Bundesminister des Innern, Verfassungsschutzbericht 1984, S. 68.
9 Vgl. die Zahlen im Anhang: Übersicht über die Ergebnisse der Wahlen zu den Studentenvertretungen im Sommersemester 1986, S. 74 ff.

Der Marxistische Studentenbund Spartakus (MSB)

Die Gründung des MSB-Spartakus erfolgte auf seinem ersten Bundeskongreß vom 20. bis 22. Mai 1971 in Bonn. Der Ursprung dieser DKP-Studentenorganisation liegt jedoch schon in der letzten Phase des SDS. Mitte und Ende der sechziger Jahre kristallisierten sich zunehmend im SDS sogenannte „Traditionalisten" heraus, die besonders in Marburg und Köln konzentriert waren. Der Herausgeberkreis der vom Kölner SDS konzipierten Zeitschrift „Facit" sollte auch später Kerngruppe des MSB-Spartakus werden. „Bereits in der antiautoritären Phase des SDS waren die Versuche der Kreise um die spätere DKP intensiviert worden, die studentische Bewegung zu beeinflussen, was auch in Form von Schulungsseminaren, zum Teil sogar in der DDR, seinen Niederschlag fand. Bei einer Reihe von Aktionen des SDS, beispielsweise Vietnam-Aktion und Bundeswehraktionen, lieferten die entsprechenden Aufbereitungen, wie sie aus der DDR besorgt wurden, die notwendige argumentative Ausgangsbasis."[1]

Nach längeren Streitereien zwischen „Traditionalisten" und „Antiautoritären" im SDS, in deren Folge die sogenannte dogmatische KP-Fraktion wegen „Eigenmächtigkeiten" Ende 1968 aus dem SDS ausgeschlossen wurde, kam es am 12. Januar 1969 zur ersten größeren Abspaltung vom SDS. Vertreter verschiedener lokaler SDS-Gruppen und Mitglieder von SDS-Minderheitsfraktionen aus allen Teilen der Bundesrepublik gründeten in Westhofen/Ruhr die „Assoziation Marxistischer Studenten-Spartakus". In den zweieinhalb Jahren bis zur Gründung des eigentlichen MSB-Spartakus zeigten die „Traditionalisten" schon verschiedentlich ihre orthodox-kommunistische Ausrichtung. So konnte man schon im Frühjahr 1969 bei einer Tagung der „Assoziation" in einer Grundsatzerklärung nachlesen: „Wir halten es nicht mit denen, die den Sozialismus überall für gut halten, nur nicht in den sozialistischen Ländern, insbesondere in der DDR. Denn die Weiterentwicklung der sozialistischen Länder hat zentrale Bedeutung für den Kampf der Sozialisten in der Bundesrepublik."[2]

1 Gerd Langguth, „Protestbewegung", a.a.O., S. 163.
2 Facit, Nr. 7, August 1969, S. 27.

Schon kurz nach seiner Gründung im Mai 1971 zeigte der MSB-Spartakus, daß er mit relativ wenigen eigenen Kräften in der Lage war, massiv auf die hochschulpolitische Szene in der Bundesrepublik Deutschland einzuwirken. Schon zum Gründungszeitpunkt entfielen von insgesamt rund 425 Studentenparlamentssitzen an rund 40 Hochschulen 100 auf den MSB-Spartakus. Den Rest teilten sich der „Ring Christlich-Demokratischer Studenten (RCDS), die damalige Deutsche Studentenunion (DSU) und der SHB.

„Der Einfluß des MSB-Spartakus war jedoch weit größer, da es ihm gelungen war, den SHB ideologisch weitgehend zu kontrollieren und auch noch eine Reihe anderer unabhängiger Gruppen, bis hin zu GEW-Hochschulgruppen, stark zu beeinflussen."[3]

Der Verlauf des Gründungskongresses ließ eine neue, bisher (zumindest beim SDS) unbekannte „Disziplin" erkennen. Die zahlreichen Referate wurden ständig von langem Beifall unterbrochen. Diskussionen oder Kritik traten nicht auf. Die Präsenz von zahlreichen Vertretern aus der DDR, der Sowjetunion und der DKP ließ die Zielrichtung klar erkennen. Für die DKP sprach Prof. Dr. Robert Steigerwald, der bis heute zur ideologischen Führungsmannschaft orthodoxer Kommunisten in der Bundesrepublik gehört.

> „Damit (mit der Gründung des MSB – der Verf.) tritt nun erstmals in der BRD ein Studentenverband in die politische Arena ein, der seine Tätigkeit auf der Grundlage des Marxismus entwickelt und gerade darum in seiner Programmatik von der inneren Einheit des antimonopolistischen und sozialistischen Kampfes ausgeht. Das ist der erste und einzige Studentenbund der Bundesrepublik, der seinen Beitrag für die Einheit der drei Ströme des weltrevolutionären Prozesses leistet, des sozialistischen Weltsystems, dessen Hauptkraft die Sowjetunion war und ist, der revolutionären Arbeiterklasse in den Ländern des entwickelten Kapitalismus, der antiimperialistischen Befreiungsbewegung in den Ländern der sogenannten Dritten Welt."[4]

Im Februar 1973 fand der zweite Bundeskongreß des MSB in Hamburg statt. Von mehr als 70 Spartakus-Gruppen wurden 360 Delegierte entsendet. Auch dieser Kongreß, auf dem ein „Programm für das gemeinsame Handeln der Studenten" verabschiedet wurde,

3 Gerd Langguth, „Protestbewegung", a.a.O., S. 166.
4 Bundesvorstand des MSB-Spartakus, Mit Spartakus im Spartakus, Protokolle des 1. Bundeskongresses des MSB-Spartakus, Bonn o. J., S. 100.

fand in einer äußerst disziplinierten Atmosphäre statt. Der enge Schulterschluß an die DKP war unverkennbar. Die beiden folgenden Bundeskongresse am 22. Februar 1974 in Frankfurt und am 8. und 9. Oktober 1975 in Köln/Mülheim zeigten ein ähnliches Bild. Als Besonderheit ist zu vermerken, daß auf dem 3. Bundeskongreß in Frankfurt Christoph Strave, der den MSB seit 1971 führte, von Steffen Lehndorff (ab November 1973 Mitglied des Parteivorstandes der DKP) abgelöst wurde.

Unter dem Motto „Mit dem Spartakus - im Spartakus - für das Recht auf Bildung – für das Recht auf Arbeit“ trafen sich Delegierte von insgesamt 210 MSB-Gruppen zum 5. Bundeskongreß am 8. und 9. Oktober 1977 in München. Neue Bundesvorsitzende wurde die bisherige Stellvertreterin von Lehndorff, Beate Landefeld. Einer der Schwerpunkte in München war das Herausstellen der „engen und guten Zusammenarbeit“ mit dem SHB. Nach eigenen Angaben verfügte der MSB-Spartakus 1977 über etwa 5 800 Mitglieder. Eine Zahl, die man durchaus als realistisch einschätzen kann. Sein Verbandsorgan „Rote Blätter“ erreichte eine monatliche Gesamtauflage von immerhin 30 000 Exemplaren.

Während der 6. Bundeskongreß am 13. und 14. Oktober 1979 in Marburg, der außer der Wahl eines neuen Vorsitzenden (Uwe Knickrehm) nicht viel Neues brachte, zeigte der 7. Kongreß am 3. und 4. Oktober 1980 in Bremen in der Diskussion einen neuen Schwerpunkt: die Auseinandersetzung mit der „Ökologie- und Alternativbewegung“. Angesichts einer feststellbaren Stagnation beim Zulauf neuer Mitglieder und dem steigenden Einfluß „Grüner“ und ökologisch-orientierter Gruppen an den Universitäten, gestand man Versäumnisse in den letzten Jahren ein: „Wir nehmen uns vor, auf neue, soziale und politische Bewegungen zuzugehen. Wir sehen in ihrer Herausbildung eine Bestätigung unserer antimonopolistischen Strategie. Erste Ansätze breiter antimonopolistischer Bewegungen werden in all ihrer Widersprüchlichkeit lebendig. In dieser Situation wäre es kurios, wenn wir uns darüber grämen würden, daß manches in dieser Bewegung nicht so aussieht, wie wir es gerne sehen würden.“[5]

Auch der 8. Bundeskongreß vom 3. und 4. Oktober 1983 in Münster war geprägt von „Friedenspolitischer Thematik“. Hinzu kam die

5 Protokollband des 7. Bundeskongresses des MSB-Spartakus, Bonn o. J., S. 37.

„Kampfansage" an die „Rechtsregierung" in Bonn. Bernd Gäbler löste Uwe Knickrehm als Vorsitzenden ab. Gäbler trug auch den Bericht des Bundesvorstandes an den 8. Bundeskongreß vor. Allein die Überschrift der verschiedenen Kapitel des Rechenschaftsberichtes lassen die politische Zielsetzung erkennen: Aufgaben und Perspektiven der Friedensbewegung – Der wahre Kern der Stationierung, der Plan Euroshima – Die Lügen der Stationierer – Die Welt braucht Frieden und Befreiung – Der Sozialismus will und braucht den Frieden – usw. Der Bedeutung der hochschulpolitischen Arbeit des MSB mißt Gäbler einen hohen Stellenwert bei:

> „Die Hochschulen haben großes gesellschaftliches Gewicht. Hier wird mit entschieden über die Einstellung von Künstlern, Technikern, Ärzten und Journalisten. Hier sollen die fortschrittlichsten menschlichen Erkenntnisse über Wissenschaft, Technik, Natur, Gesellschaft und Individuum entwickelt und weitergegeben werden. Auf welcher Seite dieser gesellschaftliche Bereich in der Überlebensfrage der Menschheit steht, ist entscheidend für alle Ansprüche an Leben und Arbeit derjenigen, die mit Wissenschaft zu tun haben. Wir werden nicht im Schatten der tödlichen Bedrohung in den Seminaren brav und ergeben auf Entscheidungen der Politiker aus Bonn und Washington warten."[6]

Wie auf allen anderen Bundeskongressen so fanden auch in Münster nicht einmal ansatzweise Diskussionen über politische Fragen statt. In einem einzigen Beitrag wurde Polen als Problem angesprochen. Allerdings ganz anders, als man vermuten könnte. Eine Studentin aus Oldenburg begründete, warum sie Mitglied beim MSB geworden sei. Sie führte u. a. aus:

> „Es hat also insgesamt fast ein dreiviertel Jahr gedauert, bis ich mich entschlossen habe, in den MSB einzutreten, und ich bin jetzt seit zwei Wochen Mitglied. Der Hauptgrund, warum ich so lange gezögert habe, in den MSB einzutreten, war die DKP-Linie des MSB. Mein Verhältnis zu den sozialistischen Ländern und auch allen damit zusammenhängenden Fragen, z. B. Polen, ist mir nach wie vor nicht klarer."[7]

---

6 Protokoll des 8. Bundeskongresses, 3./4. Oktober 1983, S. 25.
7 ebenda, S. 72.

Damit hat die Studentin zweifellos einigen MSB-Mitgliedern aus dem Herzen gesprochen. Wer aber nun erwartete, dieser Kritikpunkt bleibe so stehen, der sah sich enttäuscht.

> „... Aber ich bin inzwischen davon überzeugt, daß ich diese Zweifel nicht durch Abwarten außerhalb des MSB, sondern im MSB durch konkrete politische Arbeit klären kann. Außerdem vertreten wir im MSB in erster Linie die Interessen der Studenten, wofür es nicht unbedingt notwendig ist, die Polen-Frage für sich abgeklärt zu haben."[8]

Damit war die Sache erledigt. Polen war zwar als Problem einmal angesprochen worden – damit niemand auf die Idee kommen kann, dem MSB Kritiklosigkeit vorzuwerfen – aber wegen „übergeordneter" Zielsetzungen ging man dann lieber mit der Tagesordnung weiter voran.

Politische Zielsetzungen und taktisches Verhalten

Wie das politische Leitbild DKP, so strebt auch der MSB-Spartakus die grundlegende revolutionäre Umwälzung der Wirtschafts- und Gesellschaftsordnung der Bundesrepublik an. Das Zauberwort heißt „Antimonopolistischer Kampf". Schon in dem vom Bundesvorstand des MSB im März 1973 vorgelegten „Programm für das gemeinsame Handeln der Studenten" heißt es:

> „Auf der anderen Seite werden wir nicht darauf verzichten, für den Sozialismus zu kämpfen, weil wir davon überzeugt sind, daß keine demokratische Reform, mag sie auch noch so weitgehend sein, auf Dauer verhindern kann, daß die ökonomisch und damit auch politisch Mächtigen – um ihre Herrschaft und ihren Profit zu sichern – versuchen werden, die erkämpften demokratischen Rechte der Massen wieder einzuschränken und die Ausbeutung der Lohnabhängigen zu verschärfen. Deshalb ist die Beseitigung der Grundlagen der Macht der Konzernherren, die Aufhebung des Privateigentums an den Produktionsmitteln erforderlich. Doch was die Aufgabe der sozialistischen Revolution mit den aktuellen Aufgaben des demokratischen Kampfes verbindet, ist die Stoßrichtung dieses Kampfes gegen die ökonomische und politische Macht des Monopolkapitals. Dieses Programm soll zeigen, wie in der jetzigen Situation der Einfluß des Großkapitals auf die Bundesrepublik eingeschränkt werden kann, welche Möglichkeiten Studenten haben, ihre In-

8 ebenda, S. 25.

> teressen gegen den Widerstand der Monopole durchzusetzen, welchen Beitrag Studenten im antimonopolistischen Kampf leisten können."[9]

Grundlage der Einschätzung der politischen und wirtschaftlichen Verhältnisse in der Bundesrepublik ist für den MSB wie für die DKP die Theorie des Staatsmonopolkapitalismus. Während Lenin noch im Imperialismus das letzte Stadium des Kapitalismus sah, hat sich bei den orthodoxen Kommunisten heute die Ansicht durchgesetzt, daß vor der Revolution hin zum Sozialismus der Imperialismus noch durch den staatsmonopolistischen Kapitalismus abgelöst werde. In dieser Phase des sogenannten „Stamokap" verflechtet sich die Macht der Monopole immer mehr mit der Macht des Staates.

In seinem Aktionsprogramm von 1977[10] führt der MSB dazu unter anderem aus:

> „Der Staat verstärkt ständig durch Steuererhöhungen und durch Preissteigerungen bei staatlichen und kommunalen Einrichtungen die Belastungen für die arbeitende Bevölkerung und sichert gleichzeitig den Monopolen durch Subventionen und Steuergeschenke, durch Exportprämien, Kredite und Forschungsfinanzierungen hohe Profite. Wo angeblich das kapitalistische Privateigentum und die „schöpferische Initiative der Unternehmer" das beste aller möglichen wirtschaftlichen Systeme garantieren, ist in Wirklichkeit längst eine umfassende ökonomische Aktivität des Staates erforderlich, um dieses System am Leben zu erhalten ...
> Mit Berufsverboten und Gesinnungsschnüffelei, mit dem Einsatz von Bürgerkriegs-Armeen gegen Bürgerinitiativen, mit der Einschränkung der Meinungsfreiheit durch den § 88 a, mit ständigen Angriffen auf das Streik- und Demonstrationsrecht werden die im Grundsatz garantierten demokratischen Rechte durchlöchert."[11]

Abgelöst werden soll das „System des Staatsmonopolkapitalismus" zunächst durch den Aufbau der sogenannten „Antimonopolistischen Demokratie"[12], erst dann soll der Aufbau der „Macht der

---

9 MSB-Spartakus-Programm für das gemeinsame Handeln der Studenten 1973, S. 15.
10 Vgl. auch das Schulungsmaterial des MSB-Spartakus „Einführung in die Politik des MSB-Spartakus, 4. Aufl., Bonn o. J.
11 Aktionsprogramm des MSB-Spartakus, Bonn 1977.
12 Vgl. die Grundsatzerklärung des MSB-Spartakus, S. 80 ff.

Arbeiterklassen" erfolgen. Dieser Begriff ersetzt den Terminus „Diktatur des Proletariats" und wird auch von der DKP seit ihrem Parteitag 1971 in Düsseldorf verwendet.[13] Die KPD als Vorläufer der DKP war 1956 vom Bundesverfassungsgericht u.a. deshalb verboten worden, weil die Richter in Karlsruhe zu recht der Überzeugung waren, daß die „Diktatur des Proletariats" nicht in Übereinstimmung stehen kann mit der freiheitlich demokratischen Grundordnung der Bundesrepublik Deutschland.

> „Voraussetzung für den Sozialismus ist jedoch mehr als eine Summe von Reformen, und auch die Überwindung der Monopolmacht ist nicht der Sozialismus. Sozialismus bedeutet Eroberung der Staatsmacht durch die Arbeiterklasse, Vergesellschaftung des Eigentums an den entscheidenden Produktionsmitteln und Übergang zu einer gesamtgesellschaftlichen Planung der Volkswirtschaft."[14]

Zur Frage der Gewalt in der politischen Auseinandersetzung bezieht der MSB klarer Stellung als die Mutterpartei DKP. Die ehemalige Bundesvorsitzende Beate Landefeld z.B. unterscheidet zwischen „reaktionärer" und „fortschrittlicher" Gewalt. Für die arbeitenden Menschen seien solche Formen der Druckausübung am günstigsten, die am wenigsten Opfer kosten:

> „Dies sind in der Regel friedliche Kampfformen. Es kann jedoch Situationen geben, in denen größere Opfer der fortschrittlichen Kräfte allein durch den Übergang zu militärischen Formen des Klassenkampfes gegen den Terror der Reaktion vermieden werden können. ... Entscheidend für die Bewertung von Gewalt ist, ob sie den materiellen, sozialen und kulturellen Bedürfnissen der arbeitenden Menschen nützt oder ob sie der Erhaltung bzw. Wiederherstellung der Macht der Ausbeuterklassen dient. Eine gewalt- und herrschaftsfreie Gesellschaft kann sich erst entwickeln, wenn Ausbeutung und Klassenspaltung überwunden sind."[15]

Gerd Langguth kommt im Zusammenhang mit der Fragestellung „MSB und Gewalt" zu folgender Bewertung:

---

13 Vgl. H. Weyer, Die DKP, Programm – Strategie – Taktik, Band 2 der „Demokratischen Verantwortung", Bonn 1979.

14 5. Bundeskongreß des MSB 1977, Programm für das gemeinsame Handeln der Studenten.

15 Beate Landefeld, Thesen zur „Sozialen Verteidigung" in: Marxistische Blätter, Nr. 2/1982.

„Unter dem Eindruck des ‚Häuserkampfes' der Undogmatischen Neuen Linken und der Mobilisierung mit Hilfe gewalttätiger Agitation revidierten DKP und die der DKP nahestehenden Organisationen ihre bisherige verbale Zurückhaltung hinsichtlich der Rolle von Gewalt. Spätestens seit 1979 gehen die DKP und die von ihr beeinflußten Organisationen aggressiver vor und beteiligen sich auch gelegentlich an gewalttätigen Aktionen wie z. B. Hausbesetzungen."[16]

Mit dem taktischen Verhalten im Hochschulbereich bei der Ansprache und Werbung von Studenten, meist der ersten Semester, ist der MSB jahrelang erfolgreich gewesen und konnte sich so als größter und einflußstärkster kommunistischer Studentenverband profilieren.

Die Politik der sogenannten „gewerkschaftlichen Orientierung" brachte es mit sich, daß der MSB vor allem auch in den einzelnen Fachschaften seine Bemühungen verstärkte. Die Fachschaften bieten nämlich neben den ASten die beste Möglichkeit, aufgrund ihres allgemeinen Charakters die Masse der Studenten zu organisieren. Hier versucht der MSB sich vor allem in Fragen studentischer Sozialpolitik zu profilieren, auch in Fragen der Studien- und Studienplatzsituation, was ihm immer wieder den Respekt auch von nichtpolitisierten Studenten einbringt. Der Einsatz des MSB für konkrete, auch tagespolitische Fragen, wird auch aus Gründen der politischen Taktik für notwendig erachtet.

Bernd Gäbler widmet in seinem Rechenschaftsbericht auf dem 8. Bundeskongreß dem Thema Mitgliederwerbung ein ganzes Kapitel. Unter anderem stellt er fest:

„Das Ergebnis des Wettbewerbes und die Art seiner Durchführung war für uns alle etwas Neues. Am Telefon, auf Feten, in Studentenwohnheimen haben wir Studenten gefragt, ob sie nicht in den MSB eintreten wollen. Eintrittsrunden wurden festgemacht. Dies hat dazu geführt, daß seit Beginn unseres Wettbewerbes auf unsere Aufforderung ‚Entscheide Dich, mach mit

16 Gerd Langguth, „Protestbewegung", a.a.O., S. 174.

bei uns!' 1870 mit ‚Ja' geantwortet haben. ... Es sind keineswegs nur Genossinnen und Genossen zu uns gekommen, die ihren Eintritt semesterlang erwogen haben, sondern auch viele, von denen Wochen, ja Tage vorher weder sie selbst, noch mancher von uns die Entscheidung erwartet hätte!"[17]

Wie geschickt man Zweifler einfängt, führt Gäbler im gleichen Kapitel mit dem Beispiel eines fiktiven Dialoges zwischen einem MSB-Mitglied und einem Sympathisanten vor:

„‚Ich kenne Euch doch viel zu wenig.' ‚Mag sein, aber Du kennst uns aus unserer Hochschulpolitik und Du mußt Dich jetzt entscheiden, weil wir Dich brauchen gegen diese Raketen. Es gibt keinen Punkt, an dem man sagen kann, jetzt kennst Du uns genug. Es gibt aber die Tendenz, schwere Entscheidungen vor sich herzuschieben. Gib Dir einen Ruck, probier uns doch einmal aus.' ‚Ich weiß nicht, ob ich das im Sozialismus alles richtig finden soll'. ‚Darüber werden wir noch lange diskutieren. Aber Du selbst hast gesagt, daß Du die Sowjetunion für eine Gegenkraft gegen Reagans Kriegskurs hältst. Das ist jetzt wichtig. Dazu mußt Du Deinen eigenen und effektivsten Beitrag leisten. Dieser Verantwortung mußt Du Dich stellen. Das kannst Du am besten bei uns.'"[18]

Der Einfluß und Erfolg des MSB erklärt sich neben seiner intensiven Basisarbeit auch durch seine erfolgreich betriebene Politik der Aktionseinheit. Zusammen mit dem SHB hat der MSB schon seit Jahren entscheidenden Einfluß auf die Arbeit des VDS. Realistischerweise geht der MSB genauso wie die DKP davon aus, daß er nur dann eine Chance in der Bundesrepublik und an den Hochschulen speziell hat, wenn er eine aktive Bündnispolitik auch mit solchen Gruppen eingeht, die ihm in vielen Fragen kritisch gegenüberstehen. Besonders erfolgreich praktizierte der MSB seine Politik in der „Aktionseinheit" während der aktiven Phase der Friedensbewegung zwischen 1980 und 1984. Es gelang gemeinsam mit Sozialdemokraten, christlichen Gruppen und Gewerkschaftsgruppen, Hunderte von verschiedenen Aktionen durchzuführen. Damit setzte man treu die Forderung der Mutterpartei DKP in die Tat um.

---

17 MSB-Spartakus, Protokoll des 8. Bundeskongresses, a.a.O., S. 60.
18 ebenda, S. 61.

Diese hatte bereits auf ihrem 1. Parteitag 1971 in Düsseldorf in der These 29 festgehalten:

> „Eine wesentliche Bedingung für die Entfaltung der Kraft der Arbeiterklasse ist ihr gemeinsames Handeln als Klasse. Das erfordert die Herstellung der Aktionseinheit von Sozialdemokraten, Kommunisten, christlichen und parteilosen Arbeitern."

Der Sozialistische Hochschulbund (SHB)

Der im Mai 1960 als Abspaltung vom Sozialistischen Deutschen Studentenbund (SDS) gegründete Sozialdemokratische Hochschulbund (SHB) erlebte, wie die meisten anderen Studentenorganisationen, in der Phase der studentischen Revolte in den sechziger Jahren eine zunehmende Radikalisierung. Diese mußte ihn zwangsläufig in erheblichen Gegensatz zur SPD bringen. Die ersten Konflikte zwischen Partei und Studentenverband zeichneten sich bereits Mitte der sechziger Jahre ab.

> „Mit der Bildung der Großen Koalition im März 1967 verschärften sich die Spannungen zwischen SHB und SPD. Der SHB schloß sich in der darauffolgenden Zeit weitgehend den Aktionen des SDS an, doch gab es bereits vor allem 1969 auf der 10. Bundesdelegiertenversammlung des SHB in Hannover-Münden Auseinandersetzungen zwischen Antiautoritären und Vertretern einer stärker traditionalistisch-marxistischen Richtung. Seit diesem Zeitpunkt machte sich immer stärker der Einfluß dieser traditionellen Richtung bemerkbar, was sich auch in einer Zusammenarbeit innerhalb des VDS niederschlug."[1]

Schon auf dem 2. Bundeskongreß im November 1970 in Koblenz beschlossen die SHB-Delegierten mit klarer Mehrheit die „Aktionsgemeinschaft von Sozialdemokraten und Kommunisten". Es lag nahe, daß die SPD zum damaligen Zeitpunkt darauf reagieren würde. Erste Maßnahme seitens der Partei war im März 1971 die Streichung finanzieller Zuwendungen an den SHB. Die 12. Bundesdeligiertenkonferenz 1971 in Bonn brachte eine Spaltung. 60 % der von 54 (von insgesamt 67) SHB-Gruppen delegierten Teilnehmer sprachen sich weiter für eine enge Zusammenarbeit mit dem MSB-Spartakus aus. 40 % (die sogenannte Minderheitsfraktion) sahen in der Kooperation von Sozialisten und Kommunisten eher negative Auswirkungen. Sie erkannten die Gefahr, daß der SHB über kurz oder lang vom MSB aufgesogen werden würde, wenn es nicht gelänge, eigenes Profil zu entwickeln.[2] Jedoch stellte sich bald heraus, daß die „vierziger" Fraktion von ihrer extremen politischen Grundeinstellung her genausowenig in die SPD zu integrieren war wie die orthodoxen SHB-Mitglieder.

---

1 Gerd Langguth, „Protestbewegung", a.a.O., S. 184.
2 Vgl. VORWÄRTS vom 9. Dezember 1971.

„Am 19. Juli 1972 wurde auf Antrag des SPD-Bundesvorstandes durch das Landgericht Bonn ein Urteil erwirkt, in dem dem SHB die Führung des Namens ‚sozialdemokratisch' untersagt wurde. Am 16. Mai 1973 schließlich wurde in einem Urteil des Oberlandesgerichts Köln dem SHB endgültig die Führung des Namens ‚sozialdemokratisch' verboten, der sich dann auf seiner Bundesdelegiertenversammlung am 17./18. November 1973 in ‚Sozialistischen Hochschulbund' umbenannte."[3]

In den folgenden Jahren bemühte sich der SHB erfolgreich über die ohnehin vorhandenen starken Bindungen an den MSB-Spartakus hinaus, „freundschaftliche" Beziehungen zu den „Massenorganisationen" der DDR herzustellen. Die Verbindungen zur „Freien Deutschen Jugend" sind bis heute sehr intensiv. Jedes Jahr nehmen SHB-Mitglieder an Ferienmaßnahmen der staatlichen Einheitsjugendorganisation in der DDR teil.

Wie aus den zahlreichen Schriften des SHB, insbesondere aus dem Verbandsorgan „frontal", aus der Grundsatzerklärung[4] und dem Grundsatzprogramm eindeutig hervorgeht, ist der Verband ideologisch ohne Einschränkungen auf die Position des MSB-Spartakus und damit auf die DKP festgelegt. Zwar gibt es in einzelnen Hochschulgruppen auch kontroverse Diskussionen über tagespolitische Ereignisse, diese haben jedoch nie Auswirkungen auf den Bundesvorstand gehabt. Der Einmarsch der sowjetischen Truppen im Dezember 1979 in Afghanistan und die Verhängung des Kriegsrechts in Polen sind vom SHB genauso verständnisvoll anerkannt worden wie die Ausbürgerung von Rudolf Bahro aus der DDR.[5]

Politische Zielsetzungen

Nach § 2 der Satzung des SHB sind die politischen Grundsätze des Verbandes in der Grundsatzerklärung festgelegt, die für alle Mitglieder und Organe des Verbandes bindend sind. Liest man die Grundsatzerklärung durch, kann folgende Unterteilung der theoretischen Grundlagen der SHB-Politik vorgenommen werden:

---

3 Gerd Langguth, „Protestbewegung", a.a.O., S. 185.
4 Vgl. Grundsatzerklärung des SHB, S. 93 ff.
5 Vgl. Rechenschaftsbericht des SHB-Bundesvorstandes zur 23. ordentlichen Bundesdelegiertenversammlung, 22.–24.10.1982 in Hamburg.

- Die Theorie des „Staatsmonopolistischen Kapitalismus" (Stamokap);
- die Theorie des „Wissenschaftlichen Sozialismus";
- die Strategie des „Antimonopolistischen Kampfes";
- die Taktik der „Gewerkschaftlichen Orientierung" bzw. „Marx an die Uni".

Zur Einführung in die Politik des SHB gibt der Bundesvorstand sogenannte Schulungsmaterialien aus. Sie unterscheiden sich inhaltlich durch nichts von den Schulungsmaterialien des MSB bzw. der DKP. Es finden sich u. a.: im Grundkursus I „Philosophie historischer und dialektischer Materialismus"; Grundkursus I „Einführung in die politische Ökonomie"; Grundkursus III „Geschichte der Arbeiterbewegung".

Wie der MSB-Spartakus, so geht auch der SHB bei dem Versuch einer Gesellschaftsanalyse der Bundesrepublik Deutschland von der Theorie des „Staatsmonopolistischen Kapitalismus" aus. Im SHB-Grundsatzprogramm heißt es dazu u. a.:

> „Die permanente Einbeziehung des Staates in den Prozeß der gesellschaftlichen Produktion führte zum systematischen Einsatz aller nationalen Reserven im Interesse der Monopole und leitete damit seit der Wirtschaftskrise, spätestens aber seit Mitte der 60er Jahre eine weitgehende Verflechtung der ökonomischen Macht der Monopole mit der im wesentlichen von ihnen bestimmten Macht der Staatsorgane ein, die durch zahlreiche gemeinsame Institutionen und personelle Verflechtungen abgesichert wird. Ohne massive ökonomische Maßnahmen des Staats ist der kapitalistische Produktionsprozeß nicht mehr denkbar, so daß seitdem von einem voll entwickelten System des staatsmonopolistischen Kapitalismus gesprochen werden kann."[6]

In diesem System des „Stamokap" hat der Staat nach Auffassung des SHB keine andere Funktion als „Diktatur der Bourgeoisie" zu sein[7], mit der Aufgabe, das „kapitalistische System" zu sichern.

> „Die grundlegende Funktion des monopolistischen Staates bei seiner ökonomischen und politischen Tätigkeit ist es, die mono-

---

6 Grundsatzprogramm des SHB, abgedruckt in: „Sozialistische Reihe", 1, Dokumente des SHB, Bonn 1982, S. 9.

7 Schulungsmaterial 3, Grundkursus II, S. 115.

polistische Profitrate durch Umverteilung des Nationaleinkommens und damit den Bestand des kapitalistischen Systems überhaupt zu sichern."[8]

Weiterer wichtiger Bestandteil des „Stamokap" sind nach Auffassung des SHB die Tendenz zum „Abbau demokratischer Rechte", die „Militarisierung der Wirtschaft und Gesellschaft" sowie die „militärische Indoktrination an Schule und Hochschule". Der SHB geht damit bei seiner Gesellschafts- und Wirtschaftsanalyse genauso wie der MSB-Spartakus von einem rein marxistisch-leninistischen Ansatz aus. Ohne hier weiter eine Auseinandersetzung mit der Stamokaptheorie führen zu können, bleibt festzustellen, daß man mit einer solch verkürzten, auf wenigen Prämissen fußenden „Analyse" der Komplexität und Kompliziertheit einer modernen Industriegesellschaft wie der Bundesrepublik nicht gerecht werden kann. Mit einer primitiven Zweiklassenanalyse (Ausbeuter/Ausgebeutete – zu denen natürlich auch die Studenten zählen) vermag der SHB nicht einmal annähernd, die Vielschichtigkeit unserer Gesellschaftsordnung zu erfassen.

Strategie und Taktik

Wie schon erwähnt, verfolgt der SHB in Anlehnung an den MSB die Strategie des sogenannten „Antimonopolistischen Kampfes". Ziel des „Antimonopolistischen Kampfes" ist die Errichtung einer „Antimonopolistischen Demokratie"[9] als Voraussetzung für den Aufbau des Sozialismus. Daß „Antimonopolistische Demokratie" die Vorstufe für die Errichtung der „Macht der Arbeiterklasse" ist und diese „Macht der Arbeiterklasse" deckungsgleich ist mit dem alten Begriff der „Diktatur des Proletariats", hat die DKP seit ihrem Bestehen verschiedentlich bestätigt.[10]

Allein schon aus dieser Perspektive heraus erscheint der Vorwurf des Bundesministers des Inneren gerechtfertigt, der SHB sei verfassungsfeindlich. Was der SHB tatsächlich von der freiheitlich-demokratischen Grundordnung hält, kann man den Ausführungen

---

8 ebenda, S. 116.
9 Grundsatzprogramm, a.a.O., S. 15.
10 Vgl. Paul Haier, Das KSAZ – Ein Instrument des Friedenskampfes (DV, Band 5).

von Heinz-Gerd Hofschen, ehemaliges Mitglied des fünfköpfigen SHB-Bundeszentralrats, entnehmen, der in der „Sozialistischen Korrespondenz", Nr. 23, 1972 feststellt: „So handelt es sich ... bei Vorstellungen, wie z. B. Unabhängigkeit der Gerichte im Sozialismus, uneingeschränkte Freiheit der Opposition, um eine totale Verkennung des Charakters der sozialistischen Gesellschaftsordnung, die Marx als Herrschaft der Arbeiterklasse kennzeichnete und nicht als liberalen Tummelplatz für Konterrevolutionäre."[11]

In realistischer Einschätzung der eigenen Kräfte geht der SHB davon aus, daß eine Erreichung der „Antimonopolistischen Demokratie" in der Bundesrepublik mit eigenen Kräften nicht zu erreichen ist. Von daher baut er auf einer breiten Bündnispolitik, dem sogenannten „antimonopolistischen Bündnis" auf. (Auch hierbei gibt es keinen einzigen Unterschied zum MSB.) „Der Kern der Aktionseinheit besteht in der Zusammenarbeit von Sozialdemokraten und Kommunisten."[12] Darüber hinaus bemüht man sich aber auch um andere Gruppen.

> „Um wirkungsvoller demokratische Ziele und Vorstellungen durchsetzen zu können, arbeitet der SHB an den Hochschulen und im gesamtgesellschaftlichen Rahmen mit anderen politischen und gewerkschaftlichen Organisationen zusammen ... Der SHB arbeitet im Kampf für die Demokratisierung des Bildungswesens mit all jenen Organisationen zusammen, mit denen in bestimmten Fragen gemeinsame Interessen und Auffassungen bestehen."[13]

Den Auftrag innerhalb der SPD sieht man als besonders wichtig an. In der Grundsatzerklärung heißt es dazu:

> „Deshalb sieht der SHB es als eine besonders wichtige Aufgabe an, die klassenbewußten Kräfte in der SPD zu stärken. So arbeiten die in der SPD organisierten SHB-Mitglieder gemeinsam mit anderen fortschrittlichen Kräften aktiv bei den Jungsozialisten und in der SPD mit, um der marxistischen Theorie und Praxis innerhalb der SPD größeren Einfluß zu verschaffen."[14]

Wenn man MSB und SHB vergleicht, wird man bei allen politischen Argumentationen keinerlei Unterschiede feststellen. Bleibt die Fra-

---

11 Hans-Gerd Hofschen, Sozialistische Korrespondenz Nr. 23, zitiert nach: Hartmut Knüppel, SLH, Materialien zur politischen Auseinandersetzung, Heft Nr. 6, Sozialistischer Hochschulbund (SHB), Bonn 1979, S. 11.
12 Schulungsmaterial 4, „Geschichte der Arbeiterbewegung", S. 143.
13 Grundsatzerklärung des SHB, a.a.O.
14 ebenda, S. 4/5.

ge, warum der SHB als wesentlich kleinere Studentenorganisation sich nicht konsequenterweise selbst auflöst und mehr oder weniger geschlossen in den MSB übertritt, wie das bei einigen SHB-Funktionären auch immer wieder vorkommt? Die Antwort ist einfach. Hartmut Knüppel ist in seiner schon zitierten Studie hierauf eingegangen:

> „Das Dilemma der meisten SHB-Mitglieder besteht des weiteren darin, daß sie die DKP-Positionen zwar inhaltlich vorbehaltlos vertreten, sich jedoch nicht auch zur DKP bekennen dürfen. Dies hätte den sofortigen Unvereinbarkeitsbeschluß von SPD und SHB zur Folge, und die SHB-Mitglieder könnten somit nicht mehr die ihnen von der DKP zugedachte Funktion innerhalb der SPD erfüllen, nämlich
> - Herstellung der Aktionseinheit von Kommunisten und Sozialdemokraten,
> - Bekämpfung des Antikommunismus,
> - Propagierung des Kommunismus,
> - Erweiterung des kommunistischen Einflusses an der Hochschule und in den Gewerkschaften.“[15]

Eine zentrale Rolle in der Politik des SHB spielt die sogenannte „Gewerkschaftliche Orientierung“. Dabei versteht man unter gewerkschaftlich orientiertem Kampf „Klassenkampf“! „Der SHB entwickelt gemeinsam mit dem MSB-Spartakus, dem Studentenverband der 1968 neugegründeten DKP, die Politik der Gewerkschaftlichen Orientierung an der Hochschule, deren Grundlage das gemeinsame Bündnis von Studenten und Arbeiterklasse ist.“[16]

In Wirklichkeit geht es bei der Politik der „Gewerkschaftlichen Orientierung“ um den Versuch, im Sinne einer umfassenden Bündnispolitik „die Aktionseinheit der Arbeiterklasse“ herzustellen. SHB und MSB (der das gleiche Konzept vertritt) fordern in diesem Sinne ihre Mitglieder auf, aktiv in den Gewerkschaften mitzuarbeiten. In dieser scheinbaren Loyalität gegenüber den Gewerkschaften wollen sie diese langfristig in sogenannte klassenorientierte Kampfverbände verwandeln und schließlich als Hebel bei der Durchsetzung revolutionärer Ziele mißbrauchen. Was der Bundesvorstand des DGB davon hält, hat er in einem Brief 1977 an den Sozialistischen Hochschulbund formuliert:

---

15 Hartmut Knüppel, SLH, a.a.O., S. 43/44.
16 Grundkursus III, Geschichte der Arbeiterbewegung, S. 127.

„Programmatik und Politik des marxistischen Studentenbundes Spartakus und des Sozialistischen Hochschulbundes, die ... übereinstimmend die Theorie des staatsmonopolistischen Kapitalismus vertreten, stehen zu den Aussagen unseres Grundsatzprogramms in Widerspruch, weil sie eine Veränderung der Gesellschaft auf dem Wege von Reformen nicht für möglich halten ... In den politischen Auseinandersetzungen an den Universitäten wird der Begriff „Gewerkschaftliche Orientierung" dazu benutzt, um die Studenten an die politischen Ziele von MSB und SHB heranzuführen. Es wird immer zwingender, dem ideologischen Nebel der ‚sogenannten gewerkschaftlichen Orientierung' von Hochschulgruppen wie MSB und SHB die klaren Grundsätze der Gesellschaftspolitik des DGB entgegenzusetzen."[17]

Obwohl man sich sehr um eine Ausweitung bemüht, ist der Einfluß des SHB an den deutschen Hochschulen und Universitäten wesentlich geringer als der des MSB. Das hängt vor allem damit zusammen, daß die sehr aktiv arbeitenden Juso-Hochschulgruppen dem SHB wichtige Einflußsphären bei linken Studenten streitig machen. Es liegt aber auch an dem Fehlen jeglichen Profils. Der SHB ist und bleibt ein Anhängsel des MSB und wird daher nie zu größerer Eigenständigkeit aufsteigen können. Der Verband dürfte auch erhebliche Schwierigkeiten mit seiner Finanzierung haben. Anders als der MSB – der vermutlich massiv von der Mutterpartei DKP unterstützt wird – hat der SHB keine finanzielle Absicherung. Allein das SHB-Verbandsorgan „frontal" dürfte nur durch Subvention aufrechterhalten werden können. Rund 90% des Anzeigenvolumens bei „frontal" wird von der DKP abgedeckt (z. B. durch Anzeigen der UZ „Unsere Zeit", Verlag Marxistische Blätter usw.). Auch die Tatsache, daß „frontal" ebenso wie die „UZ" in der Hausdruckerei der DKP, bei Plambeck und Co. in Neuss, gedruckt wird, dürfte sich kostenreduzierend auswirken. Darüber hinaus deutet vieles darauf hin, daß die DKP den SHB auch in anderer Weise massiv unterstützt. Offensichtlich ist der SHB für MSB und DKP eine wichtige Hilfsorganisation, auf die man auch in Zukunft zurückgreifen können möchte, um für größere Unruhe in der Sozialdemokratie zu sorgen.

17 Schreiben des DGB an den SHB vom 16. 6. 1977, zitiert nach Hartmut Knüppel, SLH, a.a.O., S. 23/24.

Die K-Gruppen oder die „Dogmatische Neue Linke"

Auf den Niedergang der sogenannten K-Gruppen Ende der siebziger/Anfang der achtziger Jahre ist im Abschnitt „Vom SDS zur Alternativ- und Friedensbewegung" schon hingewiesen worden. Nur die Trotzkisten konnten ihren Mitgliederstand und ihr organisatorisches Gefüge halten. Die Situation der marxistisch-leninistischen Parteien ist dagegen von Zerfall und zunehmender Resignation gekennzeichnet. Isolierung, allgemeine Auflösungstendenzen will man durch neue ideologische „Standortbestimmungen" und besonders durch Zusammenarbeit (Aktionsbündnisse) auffangen. Allerdings werden die Versuche der Koordination der politischen Arbeit immer mehr durch Kontroversen als durch Gemeinsamkeiten geprägt. K-Gruppen, Trotzkisten und andere revolutionäre Marxisten mühten sich in der letzten Zeit mit großem Einsatz um die Verschärfung und Politisierung von Streiks und politischen Arbeitskämpfen. Bei der Aktionsplanung z. B. für „Friedensaktivitäten 1984 und 1985" drängten die Gruppen der „Neuen Linken" auf Agitation und Aktion gegen die angeblich neue offensive „Kriegsführungsstrategie" der NATO. Weitere wichtige Aktionsfelder waren der „Widerstand" gegen den „Atomstaat", der „antifaschistische Kampf gegen Neonazis", die Solidarität mit der Revolution in Nicaragua und Proteste gegen Ausländerfeindlichkeit.

Die Marxistisch-Leninistische Partei Deutschlands (MLPD)

Von allen sogenannten „K-Gruppen" hat es die 1982 aus dem „Kommunistischen Arbeiterbund Deutschlands" (KABD) hervorgegangene MLPD als einzige geschafft, einen Mitgliederstamm von über tausend zu halten.[1] Das wöchentlich erscheinende Zentralorgan „Rote Fahne" hat eine Auflage von immerhin 10 000 Exemplaren. Darüber hinaus verfügt die MLPD über drei Unter- und Nebenorganisationen: den Revolutionären Jugendverband Deutschland (RJVD), den Marxistisch-Leninistischen Schüler- und Studentenverband (MLSV) mit dem Organ „Roter Pfeil" und den „Marxistisch-Leninistischen Bund Intellektueller" (MLBI). Alle drei Nebenorganisationen weisen zusammen weniger als 400 Mitglieder auf. Entsprechend gering ist auch der Einfluß des Marxistischen Schüler- und Studentenverbandes an den Schulen und Hochschulen der Bundesrepublik.

---

1 Zahlenangaben beziehen sich auf den Verfassungsschutzbericht 1984.

Die MLPD bekennt sich zu den Lehren von Marx, Engels, Lenin, Stalin und Mao Tse-tung. Die Entwicklung in China nach dem Tode Maos und die Verhältnisse in den Ländern des sogenannten „real existierenden Sozialismus“ verurteilt die MLPD als „revisionistische Entartungen“. Besonders scharf kritisiert sie die DKP als „Hauptträger des modernen Revisionismus“:

> „Statt Klassenkampf zum Sturz der kapitalistischen Herrschaft betreibt der Reformismus Klassenversöhnung zur Rettung des Kapitalismus und lähmt so den Kampfwillen der Arbeiterklasse. Der Revisionismus tarnt sich marxistisch, verleugnet und verfälscht aber in Wahrheit die Grundprinzipien des Marxismus-Leninismus und verbreitet Opportunismus in der Tat. Der Hauptträger des modernen Revisionismus in der BRD ist die DKP mit ihren Nebenorganisationen.“[2]

Anders als DKP und MSB-Spartakus verklausuliert die MLPD in keiner Weise ihre politischen Ziele:

> „Erst durch den Sturz der kapitalistischen Gesellschaft und die Einführung der sozialistischen Gesellschaftsordnung werden Ausbeutung und Unterdrückung der werktätigen Massen abgeschafft. ... Die Arbeiterklasse muß nach dem Sturz der Diktatur der Monokapitalisten und der Eroberung der Staatsmacht die Diktatur des Proletariats errichten und die Produktionsmittel in gemeinsames Eigentum des gesamten werktätigen Volkes überführen.“[3]

Die Aufgabe ihrer Studentenorganisation, die einmal als „Marxistisch-Leninistischer Schüler- und Studentenverband“ (MLSV), ein anderes Mal als „Kommunistische Studentengruppen“ bezeichnet wird, hat die MLPD in einem „gemeinsamen Statut“ für den Revolutionären Jugendverband Deutschlands, die Kommunistischen Studentengruppen und den Bund Kommunistischer Intellektueller beschrieben:

> „Die KSG sind die Interessenvertreter der Arbeiterklasse an Oberschulen und Hochschulen. Sie verbreiten den Marxismus-Leninismus unter Oberschülern und Studenten und gewinnen die Fortschrittlichsten für den Sozialismus. Sie unterstützen diejenigen Kämpfe an Hochschulen und Oberschulen, die dem Widerspruch von Studenten und Schülern zum Monopolkapital

2 Grundsatzprogramm der MLPD, August 1982, S. 17.
3 ebenda, S. 20/21.

verschärfen und die geeignet sind, sie näher an die Seite der Arbeiterklasse zu bringen. Dabei hat die Verbindung mit der Arbeiterjugend im Kampf gegen Militarismus und imperialistischen Krieg eine besondere Bedeutung. So bereiten die KSG als Instrument der Partei das zukünftige revolutionäre Bündnis breiter Teile der kleinbürgerlichen Studenten mit der Arbeiterklasse vor. Die KSG haben die Aufgabe, direkt am weiteren Aufbau der Partei und an der Entfaltung des Klassenkampfes des Proletariats mitzuwirken und Reservoir der Partei zu sein. Dazu schaffen sie Kontakte zu Arbeitern und nehmen an ihrem Kampf teil. Sie lernen vom Leben und Kampf der Arbeiterklasse und müssen damit verschmelzen. Sie helfen den Arbeitern, sich den Marxismus-Leninismus und die Mao-Tse-tung-Ideen anzueignen."[4]

An diesem großen Ziel haben sich schon alle anderen K-Gruppen versucht – und sind gescheitert. Es ist nicht zu erkennen, daß es der MLPD mit ihren wenigen hundert Aktiven gelingen könnte, eine ernstzunehmende Rolle im Hochschulbereich zu spielen.

Die „Kommunistische Partei Deutschlands (Marxisten-Leninisten)" (KPD) und ihr Studentenverband, die „Kommunistischen Studenten" (KS)

Wie die MLPD, so ist auch die KPD (ML) ein Überbleibsel aus „alten Tagen" der K-Gruppen-Bewegung. Sie wurde bereits schon 1968/69 zeitgleich mit der DKP gegründet und hat – wenn auch unter starker Abschwächung ihres Mitgliederpotentials von über tausend auf rund 400 (1984) – alle Höhen und Tiefen der politischen Entwicklung überstanden. Sie ist die einzige K-Gruppe, die sich politisch nach wie vor an der „Partei der Arbeit Albaniens" orientiert. Sie bezeichnet die Lehren von Marx, Engels, Lenin *und* Stalin weiterhin als ihre politischen Leitlinien. In ihrem Programm fordert sie die „Zerschlagung" der „Ausbeuterordnung in Ost- und Westdeutschland" in einer „gewaltsamen sozialistischen Revolution" und den Aufbau eines „vereinten, unabhängigen, sozialistischen Deutschland". Das Grundgesetz lehnt sie als „typische kapitalistische Verfassung" ab. Die KPD hat, wie andere K-Gruppen auch, verschiedene Nebenorganisationen. Als Sammelbecken fungiert

---

4 Gemeinsames Statut für den „Revolutionären Jugendverband Deutschland", die „Kommunistischen Studentengruppen", den „Bund Kommunistischer Intellektueller", November 1982, S. 5/6.

die „Volksfront gegen Reaktion, Faschismus und Krieg“ mit dem Organ „Volksecho“. Zu Beginn der achtziger Jahre zählte die Volksfront immerhin rund 1 500 Mitglieder (ein vielfaches der eigentlichen KPD-ML-Mitglieder). Die Arbeit der KPD-Nebenorganisationen – „Kommunistische Jugend Deutschlands“ (KJD) mit rund 150 Mitgliedern und die „Kommunistischen Studenten“ (KS), Organ „Zwischenruf links“ – stagniert seit langem.

Wie begrenzt der Einfluß der KS an den Hochschulen und Universitäten ist, zeigt eine kritische Selbsteinschätzung der „Mutterpartei“ KPD. In ihrem Funktionärsorgan „Der Kommunist“ stellt sie 1981 zu den KS u. a. fest:

> „Es geht vor allem darum, mit der Gründung der „Kommunistischen Studenten“ den Grundstein dafür zu legen, daß es endlich wieder eine systematische kommunistische Hochschulpolitik gibt, daß den Studenten eine klare antikapitalistische Perspektive gewiesen wird und die kommunistischen Ideen Schritt für Schritt Einfluß unter dem fortschrittlichen Teil der Studenten gewinnen. Das ist eine große Aufgabe, und Illusionen über das, was sich angesichts unserer geringen Kräfte in diesem Bereich erreichen läßt, sind sicherlich fehl am Platz.“[5]

An anderer Stelle heißt es zu den konkreten Aufgaben in der Hochschule:

> „Ob der Wissenschaftsbetrieb an den Hochschulen reibungslos im Interesse des Kapitals funktioniert oder nicht, ob die Möglichkeit für Arbeiterkinder an Hochschulen zu studieren, groß oder klein ist, ob die späteren Lehrer, Ärzte, Ingenieure während ihrer Studienzeit nur den Standpunkt der Bourgeoisie kennengelernt haben oder auch den Standpunkt der Arbeiterklasse. Aus all diesen Gründen ist kommunistische Hochschulpolitik notwendig. Sie ist kein notwendiges Übel, keine minderwertige Parteiarbeit, sondern kann und muß ihren Teil zur Verwirklichung der Ziele der Partei beitragen.“

Über die sonstigen Ziele und die innerverbandliche Struktur der „KS“ informiert die „Satzung der Kommunistischen Studenten“.[6] Insgesamt kann festgestellt werden, daß trotz zahlreicher Bemü-

---

5 Der Kommunist, Funktionärsorgan der KPD 1/81, S. 1.
6 Vgl. Dokument Nr. 4 „Satzung der Kommunistischen Studenten“.

hungen der KPD (ML), ihren Studentenverband „Kommunistische Studenten" im Hochschulbereich zu aktivieren, die Aktivitäten sich hauptsächlich auf die Herausgabe der Studentenzeitung „Zwischenruf links" konzentrieren. Auch die Zusammenarbeit mit dem „Bund Westdeutscher Kommunisten" und anderen linksextremen Gruppen in der 1982 gegründeten „Arbeitsgemeinschaft für revolutionäre Hochschulpolitik" brachte nicht den gewünschten Erfolg. 1985 beschloß die KPD (ML), ihre Mitarbeit in diesem Gremium auf ein Minimum zu beschränken. Auch weiterhin werden die KS kaum eine Chance haben, die hochschulpolitische Situation in der Bundesrepublik in irgendeiner Weise zu beeinflussen.

Der „Bund Westdeutscher Kommunisten" (BWK) und die Studentenorganisation des BWK, die „Kommunistischen Hochschulgruppen"

Wie die KPD (ML), so ist auch der 1980 aus einer Abspaltung vom „Kommunistischen Bund Westdeutschland" entstandene „Bund Westdeutscher Kommunisten" (BWK) eine K-Gruppe ohne größere politische Durchschlagskraft. Er reicht weder von der Mitgliederzahl noch von der Mobilisierungsfähigkeit der Sympathisanten her an die zurückliegenden Aktivitäten des inzwischen aufgelösten KBW heran (Auflösungsdatum: 6. Februar 1985).

Nur mit großer Mühe kann man die rund 400 Mitglieder halten. Seit einiger Zeit bemüht sich der BWK um engere Kontakte zu anderen linksextremen Organisationen. Dabei fällt auf, daß er die DKP nicht ausspart – für eine K-Gruppe prinzipiell ein ungewöhnliches Verhalten. Entsprechend wendet sich der BWK gegen eine Gleichsetzung von UdSSR und USA; die UdSSR bleibe trotz aller „Großmachtpolitik" eine wichtige Reserve für den „Befreiungskampf gegen Kolonialismus und Neokolonialismus". Die Studenten- und Hochschulpolitik des BWK konzentriert sich weitgehend auf die „Arbeitsgemeinschaft für revolutionäre Hochschulpolitik". Diese Arbeitsgemeinschaft ist 1982 auf Initiative der „Kommunistischen Hochschulgruppen" des BWK gegründet worden. An einigen Universitäten geben die KHG die sogenannte „Hochschulzeitung" heraus, die sich im Schwerpunkt mit universitätsinternen Problemen auseinandersetzt.

Der „Arbeiterbund für den Wiederaufbau der KPD (AB)“ und der „Kommunistische Hochschulbund“

Unbedeutender noch als KPD (ML), MLPD und BWK ist die hochschulpolitische Arbeit des „Arbeiterbundes für den Wiederaufbau der KPD (AB)“. Dem „AB“ gehören bundesweit nur rund 300 Mitglieder an. Schwerpunkte seiner allgemeinpolitischen Arbeit lagen in Bayern und Nordrhein-Westfalen. Die Aktivitäten seiner Nebenorganisation „Kommunistischer Hochschulbund“ (KHB) beschränkten sich auf Städte in Süddeutschland. An einigen Universitäten gab der „Kommunistische Hochschulbund“ die „Kommunistische Hochschulzeitung heraus. Auch hierbei handelt es sich nicht um eine überregionale Studentenzeitung, sondern um spezielle „Universitätszeitungen“, die sich mit angeblichen Mißständen in der Hochschule beschäftigen. Allgemeinpolitische Fragestellungen haben nur eine untergeordnete Bedeutung.

Die „Arbeitsgemeinschaft für revolutionäre Hochschulpolitik“

Wie oben schon erwähnt, gründete sich Ende 1982 auf Initiative des BWK die „Arbeitsgemeinschaft für revolutionäre Hochschulpolitik“. Sie besteht aus den „Kommunistischen Hochschulgruppen“ des BWK, den „Kommunistischen Studenten“ der KPD (ML) und Gruppen der anarchistischen „Freien Arbeiter-Union“ (FAU). Geleitet wird die Gesamtorganisation von einem sogenannten „Koordinierungsausschuß“, der in unregelmäßigen Abständen Infos mit dem Titel „Nachrichten – Analysen – Protokolle“ herausgibt. Wie beschränkt die Möglichkeiten der „Arbeitsgemeinschaft“ sind, auf die hochschulpolitische Szene Einfluß zu üben, läßt sich aus der Zahl der „Aktiven“ ableiten. Zu den Vollversammlungen der „Arbeiterschaft“ reisen in der Regel nicht mehr als 40 bis 70 „Genossen“. Dabei hatte man sich bei der Gründung so viel vorgenommen:

> „Die ‚Arbeitsgemeinschaft für revolutionäre Hochschulpolitik (AGRH)‘ ist ein Zusammenschluß revolutionär-sozialistischer Studenten und Hochschulangehöriger ... in unserer Hochschulpolitik lassen wir uns von Grundsätzen leiten, die wesentlich beinhalten: – daß die Sozialisten im unversöhnlichen Gegensatz zum bürgerlichen Staat stehen; – daß dieser bürgerliche Staatsapparat in einer sozialistischen Revolution gewalt-

sam zerschlagen wird und durch rätedemokratische Strukturen ersetzt werden muß; – daß eine Verteidigung des imperialistischen ‚Vaterlandes' absolut abgelehnt werden muß; – daß die Organisierung der Revolutionäre als vorantreibende Kraft in den politischen und sozialen Bewegungen notwendig ist; – daß die Revolutionäre sich dabei auf die Arbeiterklasse als Hauptträgerin des revolutionären Prozesses orientieren. Unsere Unterstützung studentischer Kämpfe gegen die Reaktion ebenso wie unsere Bereitschaft zum Zusammenwirken mit anderen Organisationen kennen keinen anderen Vorbehalt als den, daß wir entschiedene Gegner von Forderungen sind, die geeignet sind, der Arbeiterklasse im Kampf um ihre soziale Selbstbefreiung, ihre Emanzipation, den Weg zu verstellen."[7]

Neben den Studentenorganisationen der K-Gruppen arbeitet in der „Arbeitsgemeinschaft für revolutionäre Hochschulpolitik" auch die „Freie Arbeiter-Union" (FAU) mit. Hierbei handelt es sich um eine Gruppe, die dem sogenannten „Anarcho-Syndikalismus" zuzurechnen ist. Das Bundesministerium des Innern kommt bei seiner Beschreibung der „FAU" zu folgender Einschätzung:

„‚Der Anarcho-Syndikalismus', auch als der ‚Industrielle Ausdruck des Anarchismus' bezeichnet, will eine sozialrevolutionäre Strömung der Arbeiter sein. Anarcho-Syndikalisten – wie die Anhänger der FAU – bekämpfen sowohl den ‚Privatkapitalismus' westlicher Prägung als auch den ‚Staatskapitalismus' der Sowjetunion und ihrer Satellitenstaaten. Die Organisierung der Arbeiter in einer revolutionären Partei lehnen sie ab. Ihre Prinzipien sind Antistaatlichkeit, Antiparlamentarismus, Antimilitarismus, direkte Aktion; nicht die Eroberung der politischen Macht im Staat (wie im Marxismus) ist das Ziel, sondern die Beseitigung jeder staatlichen Funktion. Eine militante Gewerkschaft soll der Keim der zukünftigen Gesellschaft sein, die durch ‚Selbstverwaltung' und ‚Föderalismus' geprägt sein müsse. Anarcho-Syndikalisten propagieren und praktizieren ‚alltäglichen Kleinkrieg'. Ihre Kampfform ist die direkte ‚Aktion', das sind Handlungen, mit denen die ‚Betroffenen' unmittelbar und ohne ‚Umwege' über Parlamente, Vermittler und Schlichter ihre Forderungen selbst durchsetzen. Dazu gehören Streiks, Betriebsbesetzungen, Boykott-Aktionen, Blockaden und Sabota-

7 „Arbeitsgemeinschaft für revolutionäre Hochschulpolitik" (AGRH), Nachrichten, Analysen, Protokolle, vom 4.5.1985, S. 4; vgl. dazu Dokument Nr. 7.

ge, nicht jedoch der ‚bewaffnete Kampf von unten' (Guerilla)... In der FAU sind zur Zeit etwa 200 Mitglieder in 22 Ortsgruppen oder Kontaktadressen organisiert. Am 22./23. Juni 1985 gründeten FAU-Mitglieder in Frankfurt eine ‚schwarze Hilfe', die als ‚Selbstschutz für Anarchisten, Anarcho-Syndikalisten und Autonome' dienen soll. Bei der Unterstützung von Häftlingen will die FAU nicht nur auf ‚die brutalsten Auswüchse des Knastsystems reagieren, sondern permanent gegen diese zerstörerischen Apparate angehen'."[8]

Abschließend kann zu der hochschulpolitischen Arbeit der K-Gruppen festgestellt werden: Fast alle K-Gruppen hatten und haben mit Mitgliederschwund und Auflösungstendenzen zu kämpfen. Eine effektive, koordinierte Hochschularbeit ist unter diesen Umständen organisatorisch nicht möglich. Eine Beeinflussung der hochschulpolitischen Situation an den Universitäten der Bundesrepublik kann insgesamt nicht festgestellt werden. Allerdings gibt es regionale Ausnahmen. Die prinzipielle Gewaltbereitschaft dieser Gruppen macht es jedoch erforderlich, daß ihre Aktivitäten ernst genommen werden. Die Studenten, besonders der ersten Semester, sollten durch Informationen in die Lage versetzt werden, diese Gruppen zu erkennen und richtig einzuschätzen.

8 Bundesministerium des Innern, „Innere Sicherheit", Nr. 1 vom 7. 3. 1986.

Die Marxistische Gruppe

Die „Marxistische Gruppe“ zählt zu den merkwürdigsten Erscheinungen im Spektrum der „Neuen Linken“. Bewußt will sie nicht zu den K-Gruppen gezählt werden. Analysiert man die diversen Publikationsorgane – Statut oder Programme existieren nicht oder sind nicht zugänglich –, lassen sich bei der Kommentierung politischer Ereignisse allenfalls Gemeinsamkeiten mit Basisgruppen oder Spontis erkennen. Aber auch mit denen will man im Grunde nichts zu tun haben. Obwohl sich die MG nur auf Marx und *nicht* auf Lenin beruft, verfügt sie über eine sehr straffe Kaderorganisation (die normalerweise nur bei leninistischen Parteien zu finden ist). Das politische und taktische Agieren der Gruppe geschieht unter konspirativen Bedingungen, so daß es außerordentlich schwierig ist, Einblicke in ihre Struktur, in Mitgliederbewegungen usw. zu bekommen.

Mit dem Zerfall der K-Gruppen Anfang der achtziger Jahre kam die MG in den Aufwind. Ende 1982 verfügte sie über rund 1 000 Mitglieder.[1] Ende 1984 steigerte sich die Mitgliederzahl sogar auf 1 500 – ein Zuwachs, den keine andere linksextreme Gruppe aufzuweisen hat. Der Schwerpunkt der MG-Aktivitäten lag und liegt in Bayern, hauptsächlich München. Allerdings gelang es in den letzten Jahren, im gesamten Bundesgebiet Stützpunkte zu errichten. Die Mitglieder sind fast ausnahmslos Studenten und Angehörige akademischer Berufe; hinzu kommen mehrere tausend in „Sympathisantenplena“ fest eingebundene „Anhänger“. Jedes Jahr veranstaltet die MG weit über 200 Diskussionsveranstaltungen, teilweise auch mit überregionalem Charakter, an denen in Einzelfällen bis zu 2 000 Sympathisanten teilnehmen.

Die MG ist 1977 aus den „Roten Zellen“ in München gebildet worden. Die „Roten Zellen“ ihrerseits waren ein Produkt der Studentenrevolte der sechziger Jahre. Sie nahmen zu Beginn des Wintersemesters 1969/70 an verschiedenen Hochschulorten in Bayern, vor allem in München, ihre Agitationsarbeit auf.

1 Zahlenangaben sind den Verfassungsschutzberichten 1982 und 1984 entnommen.

Zur innerverbandlichen Struktur schreibt Gerd Langguth:

> „Die MG wird von einer ‚Politkommissionsleitung' geleitet, die mit einem Zentralkomitee vergleichbar ist. Ihr ist ein ‚Betriebsausschuß' mit Sitz in München nachgeordnet, der für ideologische Grundsatzfragen zuständig ist und aus bis zu 20 Leitungsfunktionären bestehen soll. Die Finanzierung der marxistischen Gruppe geschieht in der Regel aus sehr hohen, einkommensabhängigen Mitgliedsbeiträgen und aus dem Verkauf von Publikationen ... Die Sympathisanten der Marxistischen Gruppe erfahren eine intensive Schulungsarbeit und müssen sich auch zum Flugblattverteilen etc. zur Verfügung stellen. Innerhalb der MG gibt es ein ausgeklügeltes System der Schulungsarbeit. So gibt es Fachplena der MG und auch Prüfungen in Ideologie des Marxismus-Leninismus; in der Regel dauert es Jahre, bis das einzelne Mitglied eine Vollmitgliedschaft erwirbt. Von jedem einzelnen Mitglied wird eine hohe Opferbereitschaft verlangt. Sie sollen ihren gesamten Lebensstil den Zielen der MG unterordnen. Die Bewährungsfrist der Symphatisanten dient vor allem der ideologischen Festigung des einzelnen Mitgliedes, aber auch seiner Fähigkeit zu einem überzeugten und gewandten Auftreten."[2]

Neben ihrer Zentralpublikation, der Monatsschrift „MSZ – Gegen die Kosten der Freiheit, Marxistische Zeitung" mit einer Auflage von rund 8 000 gab die MG unregelmäßig die „Marxistische Arbeiterzeitung" (MAZ) mit Betriebs-, Branchen- und örtlichen Ausgaben heraus sowie – ebenfalls mit mehreren örtlichen Ausgaben – die „Marxistische Hochschulzeitung" mit einer Auflage von bis zu 14 000 sowie die „Marxistische Schulzeitung".[3]

Agitation und Taktik der MG

Die MG beruft sich ausschließlich auf Karl Marx als den großen kommunistischen Taktiker. Insbesondere dient „Das Kapital" als argumentative „Fundgrube" bei der eigenen Agitation. „Markenzeichen" der MG ist es, sich ausschließlich auf die Diffamierung von politischen Ereignissen, Parteien oder gesellschaftlichen Gruppen zu beschränken, ohne auch nur im Ansatz eine „Gegenordnung"

2 Gerd Langguth „Protestbewegung", a.a.O., S. 128 – 129.
3 Vgl. Verfassungsschutzbericht 1984.

zu entwerfen. Vielleicht besteht hierin – wie schon beim SDS in den sechziger Jahren – für viele Anhänger der besondere Reiz.

In welcher Form die Agitation stattfindet, soll hier mit Hilfe einiger ausgesuchter Beispiele dargestellt werden. Dem Leser wird auffallen, daß es sich um Satzkonstruktionen und inhaltliche Zusammenhänge handelt, bei denen man Mühe hat, eine Logik bzw. einen roten Faden zu finden. Auffällig ist die prägende Ironie, mit der sämtliche Themen angegangen werden. Beides, unkonventionelle, teilweise widersinnige und arrogante Argumentationsführung sowie Ironie und Spott, ist bewußt gewählt und typisches „Erkennungsmerkmal" bzw. stilistisches Hilfsmittel der MG.

1. Beispiel: Marxistische Zeitung Nr. 2/1983 zum Thema Karl Marx und 100. Todestag:

„Karl Marx, ein Wissenschaftler außerhalb des öffentlichen Dienstes. Autor des Buches „Das Kapital". In drei Bänden alles über die Ware, das Geld, die Lohnarbeit, das Kapital. Kein Berufsverbot trotz verfassungsfeindlicher Umtriebe, weil berufslos. Deshalb ständig in Geldschwierigkeiten. Hauptwerk unvollendet. Zu Lebzeiten ungeliebt bei Feind und Freund. Nach Ableben ausschließlich Feinde und meist falsche Freunde. Keine nennenswerte Biographie und nach Auskunft hiesiger Experten auf allen drei Fernsehkanälen ein Denker, der die Wirklichkeit widerlegt hat: Bei uns, weil es den Kapitalismus immer noch gibt, und drüben, weil es den Kommunismus immer noch nicht gibt."

2. Beispiel: Marxistische Zeitung Nr. 3/1985 zum Thema „Grüne":

„Die Grünen sind eine politische Partei, das heißt politisch zu allem fähig, wie es sich für eine parlamentarische Konkurrenz gehört. So bieten sie dem Wähler lauter Alternativen an: Eine NATO ohne Pershing; einen Kapitalismus ohne Waldsterben; einen Klassenstaat ohne Flick – Korruption und schließlich eine unverbrauchte Garnitur sauberer Politiker fürs Opponieren, Tolerieren und demnächst auch fürs Koalieren. Kohls ‚geistig-moralische Wende' alternativ und von unten! Das hat Erfolg – inzwischen um die 10 %. Ob das der bundesdeutschen Republik gerade noch gefehlt hat?" ...

„Das Erscheinungsbild der Fraktion als die absolute Spießbürgergemeinschaft muß gewährleistet sein. Also fährt der Grüne nicht nur demonstrativ mit dem Fahrrad zu den Sitzungen bzw. äußert sofort in aller Öffentlichkeit große Selbstzweifel, wenn er lächerlicherweise mal die Fahrbereitschaft des Bundestages bemüht, sondern überwacht auch strengstens die sittliche Reinheit seines Haufens: Ein Busengrapscher in den eigenen Reihen, wie peinlich, wo sie doch gerade frau als Wert an sich etabliert haben."

<u>3. Beispiel:</u> Marxistische Zeitung Nr. 3/1985 zum Thema: Hungerkatastrophe in Äthiopien:
Die Überschrift des Artikels lautet: „Internationale Heimatkunde: Äthiopien – Ein armes Land in bevorzugter Lage":

„Es ist gute demokratische Sitte, den Bundeswehrmaschinen, die neben den äthiopischen Hungerlagern und über den unzugänglichen Hungergebieten Getreidesäcke abladen, öffentliche Anklagen gegen das sowjetfeindliche Regime in Addis Abeba mit auf den Weg zu geben. Es ist offenbar nichts leichter und zufriedenstellender, als die Mitteilung, Mengistu und seine Mitregenten aus den Reihen des Militärs seien in allen Belangen gescheitert, trügen die (Mit-, Haupt-, Allein-)Schuld am massenhaften Hunger ihrer Untertanen, beschützten den sogar gegen die Separatisten, importierten Waffen statt nahrhafter Marktwirtschaft. ... Geistige Rentensanierer, Waffenhändler, Landesverteidigung, Wiedervereiniger und Weltwirtschaftsfans kennen also den kleinen Unterschied zwischen Nord und Süd. Dabei wird Äthiopien längst in sämtlichen Belangen geholfen. Mehr jedenfalls, als denen dort unten gut tut, auch wenn die davon kaum etwas wissen."

Die MG distanziert sich zwar von der Politik der Sowjetunion und der DDR, in erster Linie allerdings lehnt sie die Politik des Westens und hier insbesondere die NATO ab. Eindeutig ergreift sie Partei gegenüber der Sowjetunion bei deren Kriegsführung in Afghanistan.

<u>4. Beispiel:</u> Marxistische Zeitung Nr. 2/1985 zum Thema: Wer ist ein Afghane?

„Der beste Afghane sitzt im Weißen Haus. Dieser Ober-Mudjaheddin sorgt für die Lebensmittel seines afghanischen Volkes, das die Russen Mann für Mann – ‚Völkermord' – ausrotten und aushungern wollen; so sind sie eben, die Russen! Damit dem Hunger nach Freiheit die Mittel nicht ausgehen, hat der US-Senat für das kommende Jahr 250 Millionen Dollar Waffenhilfe bewilligt. Dieses ‚größte derartige Programm seit dem Vietnam-Krieg' setzt die Friedensbemühungen der letzten Jahre, mit denen die Flüchtlingslager in Pakistan in Waffenlager verwandelt wurden, entschieden fort. Darüber haben die moslemischen Glaubenskrieger viel von ihrer exotischen Borniertheit verloren. Als vorgeschobene Söldnertruppe der CIA im Feindesland kann jeder in ihnen die guten Afghanen erkennen. So zu ihrem wirklichen Glauben bekehrt und mit den richtigen Waffen ausgerüstet, ermorden die tapferen Widerstandskämpfer unter Führung ihres Clanchefs, mit Vorliebe Lehrer und Ärzte, Agrarexperten und Agitatoren, die das ‚Unrechtsregime' in Kabul aufs Land schickt, um die große Mehrheit der in feudaler Abhängigkeit gehaltenen Dorfbewohner mit ein paar Errungenschaften der Zivilisation wie Medien, Lesen und Schreiben bekanntzumachen. Über die vom CIA angeleitete Leichenproduktion bleibt der Friedenswunsch dringlich: ‚Russen raus aus Afghanistan' ".

Gegenüber dem DGB hat die Marxistische Gruppe so lange polemische Angriffe gestartet, bis der DGB-Bundesvorstand auf seiner Sitzung am 2. Juli 1985 die Marxistische Gruppe als gewerkschaftsfeindliche Organisation eingestuft hat, die unter die Unvereinbarkeitsbeschlüsse des DGB und seiner Mitgliedsgewerkschaften fällt.[4]

Ein Beispiel:

„Die DGB-Einheitsgewerkschaft ist so schwarz-rot-gold, daß jede Kritik an ihr, die ihr Fehler bei der Verfolgung von ‚Arbeiterinteressen' vorwirft, eine einzige Verharmlosung darstellt. In trauter Zusammenarbeit mit der Sozialdemokratie hat sie auch den letzten Anschein fallen gelassen, sie sei auf die Durchsetzung eines Klasseninteresses aus."[5]

---

4 Vgl. DGB-Nachrichten vom Juli 1985, S. 50.

5 MG (Hrsg.): Resultate Nr. 1 (Neufassung), Die Bundesrepublik in den achtziger Jahren und was Marxisten an ihr zu ändern haben, programmatische Erklärung, 1980, S. 57.

In ihrem Manifest gegen den DGB schreibt die MG:

> „Mit seiner ganzen Macht tritt dieser Einheitsverein für das Wohl der Wirtschaft und der Nation ein. Mit der schlichten Lüge, ‚was für Staat und Kapital gut ist, muß auch das Anliegen der Klasse sein, die von ihnen abhängt!', legt der DGB die Lohnabhängigen auf den bedingungslosen Einsatz ihrer Arbeit fest, die er weder erleichtern will noch für zu schlecht bezahlt hält. Konsequent behandelt er die Lohnabhängigen als die Manövriermasse der Konjunktur, die der Staat und die Geschäftswelt ins Werk setzen. Eine solche Gewerkschaft ist keine ‚Bedingung', die die Arbeiter je zu ihren Gunsten ausnutzen könnten. Sie ist nicht zu verbessern, sondern zu bekämpfen."[6]

Mit gleicher Polemik und bissiger Ironie tritt man der Friedensbewegung in der Bundesrepublik gegenüber, von deren Aktivitäten man sich bewußt distanziert. Nach Auffassung der MG sei es eine merkwürdige Sitte von Protest, die jede „Leiche in Südamerika und jede Rakete in Europa zwar nicht befürwortet, aber mit dem Hinweis auf Afghanen und SS-20 für eigentlich unausweichlich halten will", und daß eine solche Friedensbewegung „hierzulande frei herumlaufen darf, erfüllt die Bewegung mit unendlicher Dankbarkeit".[7]

In einem Flugblatt anläßlich des NATO-Gipfels in Bonn am 10. 6. 1982 heißt es zur „Friedensbewegung":

> „Außer auf sich selbst hat die Friedensbewegung mit ihrem moralischen Opportunismus auf nichts und niemand Eindruck gemacht, die Linke ausgenommen. Diese charaktervollen Menschen, die ein Jahrzehnt lang Gott und die Welt mit ihrem Standpunkt traktiert haben, dem Standpunkt nämlich, daß alle Arbeiter, Studenten, Hausfrauen und Rentner unterwegs waren zum jeweiligen Sozialismus, diese leibhaftigen Vertreter der Massen haben in der Friedensbewegung endlich ihre Massenbewegung gefunden."[8]

Nach der Lektüre solcher und vieler anderer Beispiele aus der „Agitationsküche" der MG fragt sich der aufmerksame Betrachter,

---

6 MG (Hrsg.), Politik auf Kosten der Arbeiter. „Manifest gegen den DGB" (Einleitung).

7 Bonner Hochschulzeitung der MG Nr. 33, 26. April 1982, zitiert nach G. Langguth, „Protestbewegung", a.a.O., S. 129.

8 Flugblatt der MG anläßlich des NATO-Gipfels in Bonn am 10. 6. 1982, zitiert nach G. Langguth, „Protestbewegung", a.a.O., S. 129/130.

wie es möglich sein kann, daß die MG gerade im Hochschulbereich diejenige Studentengruppe ist, die den größten Zulauf zu verzeichnen hat? Sieht man einmal von der Art der Formulierung (von Begriffen wie diffamierend, polemisch, verletzend bis witzig ist alles vorhanden) ab, ist die eigentliche Argumentationsführung holperig, konzeptionslos, meist fernab aller Fakten und ohne jede erkennbare Logik. Aber genau dies ist das „System", mit dem man erfolgreich agiert. Man ist eben anders als die anderen Studenten und schon von daher für viele attraktiv. Hinzu kommt das oftmals pöbelhafte, arrogante Auftreten vieler rhetorisch gut geschulter Funktionäre der MG in Seminar- und Diskussionsveranstaltungen, die oft wegen massiver Störungen abgebrochen werden (müssen). Auch dies macht offensichtlich bei einigen Studenten Eindruck. Schließlich bleibt bei den Mitgliedern das subjektive Gefühl, einer vermeintlich elitären Clique anzugehören.

Basisgruppen, Spontis, Undogmatische

Seit Mitte der siebziger Jahre tauchten an den Hochschulen und Universitäten der Bundesrepublik studentische Gruppen auf, deren politische Zuordnung zunächst äußerst schwierig war. Ihren Parolen, Flugblättern und Zeitungen nach zu urteilen, zweifellos linksstehend, unterschieden sie sich doch erheblich von allen linken Studentengruppen. Das „Moskauer Modell" wurde und wird genauso abgelehnt wie der chinesische oder albanische Kommunismus. Programme oder Statuten von längerer Gültigkeitsdauer gibt es nicht. Die Agitation ist spektakulär, fällt teilweise völlig aus dem Rahmen: „Power statt Trauer"; „Kommt Zeit, kommt Rat, kommt Attentat"; „Legal, illegal, scheißegal"; „Bomben bauen, Waffen klauen, Yankees auf die Pfoten hauen"; „Auch ohne Euer Tränengas haben wir genug zu heulen"; „Wir sind die Leute, vor denen uns unsere Eltern immer gewarnt haben."

Heute wie vor zehn Jahren kann man feststellen, daß diese angehäufte Emotionalität, verpackt in provozierend-witzigen Formulierungen, bei einem nicht unerheblichen Teil der Studenten ankommt. Das gilt auch oft für diejenigen, die sonst eher politisch desinteressiert sind.

Was sind das nun für Gruppen, die mit neuer „Kreativität" enorme Anfangserfolge hatten und in vielen allgemeinen Studentenvertretungen noch heute vertreten sind? Gibt es trotz aller Spontanität dennoch so etwas wie eine politische Konzeption, oder reduziert sich das Programm eben nur auf diese Spontanität? Worin liegt die Attraktivität dieser Gruppen?

Offiziell werden die Basisgruppen unter der „Sammelbezeichnung" „Undogmatische Neue Linke" eingeordnet. Undogmatisch, weil sie eben keiner „traditionellen" marxistischen oder marxistisch-leninistischen ideologischen Linie zugehören. Besser bekannt aber sind sie unter der Bezeichnung „Spontis" (anspielend auf ihr bestimmendes Merkmal, die Spontanität). Im Hochschulbereich nennen sie sich meist „Basisgruppen". Viele dieser Gruppen treten – trotz überregionaler Zusammenschlüsse – an den einzelnen Universitäten mit unterschiedlichen Phantasienamen auf: „Liste aktiver unorganisierter Studenten" (LAUS); „Liste von Unorganisierten in den Institutsgruppen" (LUI); „Sozialistische Undogmatische Studenteninitiative"; „Gruppe unabhängiger Individual-Chaoten" (GUIC); „Spontifex Marximus"; „Linke Liste" (LILI) usw. Allein mit diesen originellen Bezeichnungen erkaufen sie sich oft die Sympathie zahlreicher Studenten.

Die „Spontis" hatten 1979 ihren stärksten Einfluß. „Anfang 1979 besaßen die Basisgruppen mehr als 150 Sitze in den Studentenparlamenten und waren damit etwa gleich stark wie die Jungsozialisten-Hochschulgruppen. In den ‚Vereinigten Deutschen Studentenschaften' (VDS) stellten sie zu diesem Zeitpunkt die stärkste Einzelfraktion und waren über lange Jahre im Vorstand vertreten."[1]

Allerdings sind viele der Basisgruppen wegen einer fehlenden straffen Organisation auch ausgesprochen „kurzlebig". Andere haben auch über Jahre Einfluß und Erfolg. Eine einheitliche Tendenz für das gesamte Bundesgebiet läßt sich nicht feststellen. Wie unterschiedlich sich die Arbeit der einzelnen Basisgruppen an den Universitäten gestaltet, kann man den zahlreichen Beispielen entnehmen, die Johannes Weberling in seiner umfangreichen Arbeit über die „Basisgruppen" zusammengetragen hat (Eine Auswahl muß sich hier auf zwei Fälle beschränken):

> Basisgruppen in Bremen
> „An der Reformuniversität Bremen, einer der Hochburgen des Marxistischen Studentenbundes (MSB) Spartakus (DKP-Studentenorganisation), war für die Basisgruppen über viele Jahre hinweg nichts zu holen. Undogmatische Gruppen – im Wintersemester 1976/77 mit 7 von 25 Studentenparlamentssitzen als bestem Ergebnis in den 70er Jahren überhaupt – waren von einer AStA-Beteiligung weit entfernt. Erst bei der Kandidatur der sich zur Basisgruppenbewegung zugehörig fühlenden ‚Alternativen AStA-Liste' im Sommersemester 1982 gelang der Durchbruch. Sie zog mit 11 von 25 Sitzen in das Studentenparlament ein, konnte dieses Ergebnis im Sommersemester 1983 noch auf 13 von 25 Sitzen verbessern und löste im Juni 1983 die alte Volksfrontkoalition im AStA ab."

1 Gerd Langguth, „Protestbewegung", a.a.O., S. 237.

Basisgruppen in Göttingen

„In der Universität Göttingen errangen die Sozialistische Bündnisliste (und die Liste ‚Bewegung undogmatischer Frühling' – BUF –) bei ihrer erstmaligen Kandidatur zu den Wahlen im Wintersemester 1976/77 gleich auf Anhieb zusammen die absolute Mehrheit und bildeten den Göttinger AStA. Bekannt wurde sie durch den erstmaligen Nachdruck des ‚Buback-Nachrufes' eines Göttinger ‚Stadtindianers'. Bei den Wahlen im Wintersemester 1977/78 und 1978/79 teilten sich die Hochschulgruppen des Sozialistischen Büros mit 12 bzw. 10 Sitzen die dem kommunistischen Bund nahestehende ‚Liste Demokratischer Kampf' mit 8 bzw. 13 Sitzen und die Basisgruppen mit der ‚Liste Politik Links unten' mit 2 (1978) bzw. ‚Fachschaftsliste' mit 3 Sitzen (1979) die undogmatischen Stimmen und waren Teil der AStA-Koalition. Im Wintersemester 1979/80 waren nur noch die ‚Liste Demokratischer Kampf' und die SB-Hochschulgruppe mit halbiertem Stimmenanteil vorhanden (und auch im AStA). Den Basisgruppen war dieser AStA nur bedingt zuzurechnen, was sich auch durch die Stornierung der Mitarbeit in der Basisgruppenfraktion in den ‚Vereinigten Deutschen Studentenschaften' (VDS) zu Beginn der AStA-Amtszeit 1979/80 zeigte. Erst zu den Wahlen im Wintersemester 1980/81 kandidierte wieder eine ‚richtige' von verschiedenen Fachschaften gestellte und unterstützte Basisgruppenliste, die nach den Wahlen zusammen mit der ‚Linken Bündnisliste' (LBL) – LDK-Nachfolger – und den Jusos für die nächsten zwei Jahre den AStA stellte (im Amtsjahr 1982/83 kam noch der MSB-Spartakus in die Koalition). Bei den Wahlen im Wintersemester 1982/83 kandidierte die Basisgruppenliste nicht mehr."[2]

Diese beiden ausgewählten Beispiele zeigen, wie kompliziert oft die politische Situation an den Universitäten sein kann und wie schnell Koalitionen und damit politische Zielsetzungen wechseln. Darüber hinaus wird die oben schon angesprochene Unbeständigkeit der Basisgruppen deutlich. Dennoch gibt es trotz aller Spontanität ein Minimum an Organisation. Dazu zählt z. B., daß man sich auf Fachschaftsebene in der Regel einmal pro Woche (von Uni zu Uni unterschiedlich) trifft, um aktuelle hochschulpolitische oder allgemeinpolitische Fragen zu diskutieren. Darüber hinaus finden

---

2 Johannes Werbeling, „Die Basisgruppen", RCDS-Schriftenreihe Nr. 39, Bonn 1984, S. 18, 20.

auch regelmäßig Wochenendseminare statt, auf denen Grundsatzfragen diskutiert werden, die aber auch zur Nachwuchswerbung dienen. Die Fachschaftsgruppen bilden dann die Basisgruppen auf Uni-Ebene. Auch hier finden regelmäßige Treffen statt. Wenn diese Art einer Organisationsstruktur auf Uni-Ebene noch halbwegs funktioniert, so wird eine landes- oder bundesweite Organisation außerordentlich schwierig.

> „Wichtigster Ort bundesweiter Diskussionen ist das Basisgruppen-Bundesseminar, das durchschnittlich zweimal pro Semester stattfindet. Die Einladung hierzu, Beschluß des vorherigen Bundesseminars, erfolgt über den Rundbrief, gilt aber für alle BG'ler/innen an bundesdeutschen und Westberliner Hochschulen ... Diese Bundesseminare selbst können den einzelnen Basisgruppen keinerlei Weisungsbefugnisse erteilen, das Ergebnis der dort stattfindenden Diskussion, die konkrete Umsetzung obliegt der Autonomie der jeweiligen Hochschulgruppe ... Bei derart lockeren Arbeitsstrukturen stellt sich das Problem einer kontinuierlichen BG-Arbeit auf Bundesebene. Die Selbständigkeit, aber auch die Heterogenität jeder Basisgruppe, die starke personelle Fluktuation der einzelnen Gruppen bringt es mit sich, daß die überörtliche Zusammenarbeit oftmals nur durch das Engagement einzelner ‚Kader' aufrechterhalten werden kann. Dies hier zum Ausdruck kommende Desinteresse vieler BG'ler/innen an bundesweiten Arbeitszusammenhängen ... ist der Preis für die politische Überzeugung, daß Entscheidungsprozesse nur auf der Basis einer gemeinsamen Diskussion aller Beteiligten ablaufen können und keine Anordnung einer übergeordneten Parteiinstanz unterliegen dürfen. Die Autonomie der einzelnen Basisgruppe bleibt das Prinzip jeder BG-Arbeit."[3]

Bei Koalitionen auf Hochschul-, Landes- oder gar Bundesebene tun sich die Basisgruppen außerordentlich schwer. Gegenüber allen von MSB, SHB und Juso-Hochschulgruppen verordneten Protestaktionen hegt man z. B. großes Mißtrauen. Nicht etwa weil die Inhalte beim sogenannten „Friedenskampf" nicht mitgetragen würden, sondern weil man mit den von oben „befohlenen" Demonstrationsarten nicht einverstanden ist. „Massendemos" sind den mei-

3 Basisgruppeninfo Bochum Nr. 13, Januar 1981, zitiert nach Johannes Werberling, a.a.O., S. 29/30.

sten Basisgruppen zu konventionell. „Begrenzte Regelverletzungen", die häufig genug in Gewalt umschlagen, werden bewußt einkalkuliert, Formen des Terrorismus jedoch abgelehnt.

„Steine schmeißen alleine ist auch keine Alternative! Obwohl sie für unsere Ohnmacht bezeichnend ist und ihr Ausdruck verleiht, Ausdruck dafür, daß es in einer uns feindlich gegenüberstehenden Gesellschaft, die außerdem – ob wir wollen oder nicht – ein Teil von uns ist, wie wir von ihr, unmöglich ist, so zu leben, wie wir es uns vorstellen und wollen, das heißt nach unseren Gefühlen und Bedürfnissen. Die Verwirklichung unserer Gefühle und Bedürfnisse muß sich also zwangsläufig gegen die Gesellschaft und gegen unsere eigene Sozialisation wenden, wir müssen sie kaputtschlagen, auf daß wir leben können."[4]

Wie denn dieses „Kaputtschlagen" aussehen soll, wird an anderer Stelle beschrieben. Im Zusammenhang mit dem Kampf um die Verhinderung der amerikanischen Mittelstreckenraketen im Herbst 1983 riet z. B. die „Undogmatische Hochschulgruppe" an der Uni Bochum (Bundspechte) auf einem Flugblatt:

„Wir Bundspechte meinen, daß nicht nur Aktionen direkt gegen die Pershings nötig sind, denn die Pershings werden ja nicht um der Pershing willen stationiert. Wenn wir diese Massenvernichtungswaffen, die unser Leben bedrohen, nicht direkt verhindern können, müssen wir eben indirekte Mittel wählen, die auf den ersten Blick gar nicht gegen die Stationierung zu sein scheinen, aber die Zusammenhänge, in denen die Stationierung stattfindet, angreifen. Denn solange die scheindemokratischen Mechanismen dieser Gesellschaft noch so reibungslos funktionieren, wird es für die Regierenden ein leichtes sein, alles mögliche durchzusetzen. Streuen wir Sand in diese Mechanismen, seien wir unregierbar, üben wir zivilen Ungehorsam. Das Wichtigste daran ist, daß dieser Widerstand permanent, täglich, ja allgegenwärtig ist. Er muß Bestandteil unseres Lebens werden, lustig sein und Spaß machen."

Was die Basisgruppen dann unter „lustig" verstehen, wird anschließend beschrieben.

„Hier 'ne Blockade, da 'ne Blockade; Autos an der Kreuzung gehen nicht mehr an; plötzlich ist 'ne Fahrrad-Demo; Leute vergessen nach dem Einkaufen, zu bezahlen; andere feiern lieber

4 AStA-Info, Universität Gießen, 1983.

> gesund, als sich krankzuschuften; da läuft ein Kaffee in das Terminal, dort fallen Alustreifen in den Computer ... Busse und Bahnen sind voll, aber die Kartenverkäufer langweilen sich. Arbeitslose nutzen ihre Zeit für Schwarzarbeit, dafür kaufen alle zusammen kaum noch die tollen fertigen Sachen."[5]

Wenngleich die Form des spontanen Aktionismus das Hauptmerkmal der Basisgruppen ist und gleichzeitig im wesentlichen deren Erfolgsrezept darstellt, lassen sich bei einer genaueren Analyse der diversen Publikationen, Hochschulzeitungen, Flugblätter, Wahlaufrufen usw. doch konkrete Aussagen zu Staat, Wirtschaft und Gesellschaft nachweisen. Den Staat Bundesrepublik sieht man als „Klassenstaat". Die Gesellschaft teilt man ein in Ausbeuter und Ausgebeutete (Proletarier) und unterscheidet sich von daher kaum von dogmatischen Marxisten-Leninisten. Das liest sich z. B. in den „schwarzen Blättern" der Basisgruppe Uni Erlangen so: „Somit ist die bürgerliche Gesellschaft geprägt vom unvereinbaren Gegensatz zwischen Kapitalklassen und Arbeiterklasse, die Emanzipation der letzteren nur gegen die ersteren (Revolution) und nicht neben und mit ihnen (Reformismus) möglich.[6] Interessant ist auch die Alternative, die man als „Undogmatische" Gruppe anzubieten hat: Es ist die klassenlose Gesellschaft, der Kommunismus.

> „Im Kommunismus ist ein Staatsapparat nicht mehr nötig, da keine Ausbeutung mehr vorhanden. Die repressiven und ideologischen Funktionen werden überflüssig, die technischen in den Dienst der Gesellschaft gestellt. Mit der Aufhebung des Privateigentums und damit der auf ihm beruhenden Ausbeutung sowie der Klassengegensätze verschwindet somit der politische Charakter der Verwaltung."[7]

Da es aber auf der Welt noch jede Menge „Ausbeuterordnungen" gibt, muß man also etwas tun, um das zu ändern. „Ausbeutung, Unterdrückung und Krieg lassen sich also nur durch die Abschaffung der Klassen auf der ganzen Welt beseitigen."[8] Nun muß man berücksichtigen, daß dies die Meinung der Basisgruppe Erlangen ist

---

5 Undogmatische Hochschulgruppe, Uni Bochum-Bundspechte, Dezember 1983.
6 Basisgruppe Erlangen (Hrsg.), Schwarze Blätter, Nr. 4/1983, S. 8/9.
7 ebenda, S. 10.
8 ebenda, S. 11.

und daß andere Basisgruppen diese Aussagen nicht unbedingt unterstützen. Dazu sind die einzelnen Gruppen zu unterschiedlich. Dennoch: Es gibt ohne Zweifel bestimmte Sachaussagen, die in ihrer Substanz von allen Basisgruppen getragen werden. Dazu zählen u. a.:

- die Vorstellung, die Bundesrepublik Deutschland sei ein kapitalistisch-imperialistisches System (es findet sich auch der Begriff des Staatsmonopolkapitalismus),
- eine entsprechende bedingungslose Ablehnung unserer bestehenden Staats- und Gesellschaftsordnung,
- die herrschaftsfreie, sozialistische Gesellschaft als Alternative (was immer das sein mag),
- scharfe Ablehnung von NATO, Bundeswehr und allen Organen der Exekutive,
- bewußte Regelverletzung und begrenzte Gewaltbejahung zur revolutionären Umgestaltung der Gesellschaft,
- revolutionäre Veränderung der Hochschulstruktur.

Darüber hinaus gibt es natürlich eine Fülle von tagespolitischen Forderungen, die hier im einzelnen nicht dargestellt werden können. Der Anspruch der Friedensbewegung, nur „Frieden" schaffen, ist den Basisgruppen nicht konkret genug: „Frieden heißt nicht allein die Abwesenheit von Krieg oder atomwaffenfreier Zone" – wie von Teilen der Friedensbewegung verstanden – sondern Abschaffung aller ausbeuterischen Strukturen der Welt."[9] Grundproblem des Unfriedens sei nicht die nationale Aufrüstung, sondern „... Rüstung hat vor allem globalstrategische Gründe." Im Gegensatz zum MSB nehmen die Basisgruppen allerdings auch die Sowjetunion mit in die „Rüstungsverantwortung".

In der aktiven Phase der Friedensbewegung (von 1980 bis Herbst 1984) haben die Basisgruppen an den diversen Universitäten wie auch „Spontis" aus anderen Bereichen durch ihre zweifelhafte Kreativität und unkonventionellen Verhaltensweisen bei zahlreichen Friedensgruppen Aufmerksamkeit erregt.
Sympathien erfahren sie auch heute noch an vielen Hochschulen, was sich nicht zuletzt in den Wahlerfolgen der Basisgruppen ausdrückt.

---

9 Liste undogmatischer Studenten, Das Lust-Programm, Uni Bonn, Januar 1983, S. 7.

Spontanität, Einfallsreichtum, witziges Auftreten aber auch Gewalttätigkeiten können jedoch auf Dauer kein Programm ersetzen. An konkreten Alternativvorstellungen zu der bestehenden Gesellschaftsordnung mangelt es den Basisgruppen ohnehin. Das Schlagwort der „herrschaftsfreien (sozialistischen) Gesellschaft" reicht nicht aus. Und nur mit tagespolitischen Forderungen läßt sich an unseren Hochschulen auch keine langfristige Überzeugungsarbeit leisten. Es bleibt zu hoffen, daß diese Erkenntnis den zahlreichen „Sympathisanten" der „Spontis" nicht verborgen bleibt und daß die Studenten der Anfangssemester sich von der vordergründigen „undogmatischen" Attraktivität der Basisgruppen nicht täuschen lassen.

Der Nationaldemokratische Hochschulbund (NHB)

Der einzige rechtsextreme Hochschulbund an deutschen Universitäten ist der „Nationaldemokratische Hochschulbund" (NHB), die Studentenorganisation der Nationaldemokratischen Partei Deutschlands (NPD). Während die NPD Ende der sechziger Jahre bis Anfang der siebziger Jahre einen nicht zu unterschätzenden Einfluß auf Kommunal-, Landes- und Bundesebene besaß (bei den Bundestagswahlen 1969 lag sie nur knapp unterhalb der 5%-Hürde), gelang es dem NHB nie, irgendeine bedeutende Rolle an den Hochschulen zu spielen. Im Verfassungsschutzbericht 1972 heißt es z. B.: „Auch 1972 gelang es dem ‚Nationaldemokratischen Hochschulbund' (NHB) nicht, sich als ‚Studentenverband der NPD' (§ 1 der NHB-Satzung) an Hochschulen durchzusetzen. Um die zur Zeit bestehenden 21 Hochschulgruppen mit insgesamt etwa 150 Mitgliedern zu verstärken, beschloß die Bundesversammlung am 15. Juli 1972, auch Nicht-NPD-Mitglieder aufzunehmen."[1]

Es gelang in den folgenden 14 Jahren bis 1986, formal die Organisation „NHB" aufrechtzuerhalten, allerdings nur unter weiterem erheblichem Substanzverlust. Daran änderte auch der Versuch des Ministeriums für Staatssicherheit der DDR nichts, dem NHB auf die organisatorischen Sprünge zu helfen. Wie man sich vorstellen kann, hat die DDR ein erhebliches Interesse, den Rechtsextremismus in der Bundesrepublik aus propagandistischen Gründen am Leben zu erhalten. 1976 setzte sich der damalige stellvertretende Bundesvorsitzende des NHB, Egon Fischer, in die DDR ab. Er hat seinen Auftrag sicher nicht zufriedenstellend erfüllt.

Heute dürfte der „NHB" weit unter 100 Mitglieder zählen. Die einzige Hochschulgruppe, die noch als halbwegs „funktionstüchtig" angesehen werden kann, existiert an der Universität München. Hier ist auch der Sitz des Bundesvorstandes. Die NHB-Hochschulzeitung „NHB-Report" hat keine überregionale Bedeutung. Der entscheidende Grund für die Bedeutungslosigkeit des NHB an den Hochschulen dürfte in der tiefen Ablehnung der deutschen Studentenschaft gegenüber rechtsextremem Gedankengut liegen.

1 Verfassungsschutzbericht 1972, S. 23.

Wie die meisten Studentenorganisationen des Linksextremismus, so zeigt auch der NHB Schwarz-Weiß-Denken, ideologischen Dogmatismus und eine beängstigende Stereotypisierung der gesellschaftlichen Wirklichkeit. Allerdings geschieht dies in einer Form, die vom intellektuellen Anspruch her weitaus niedriger anzusiedeln ist als beim organisierten Linksextremismus. Die Art und die Aussagen rechtsextremistischer Propaganda sind in vielen Fällen schlicht primitiver als die linksextremer Gruppen.

Der völkisch-biologische Kollektivismus ist nach wie vor weltanschaulich Wesensbestandteil nationaldemokratischer Argumentation. Das „lebensrichtige Weltbild" beruhe auf dem „biologisch und geschichtlich gewachsenen Volk" und dem „verschiedenen Erbgut". In einer „Nationaldemokratie" sei die „Einheit von Mensch, Volk und Nation oberster Grundsatz jeglichen Handelns", und somit stehen die Interessen „der Gemeinschaft vor den Interessen des Einzelnen". „Menschen und Völker" bleiben entschieden von ihrer „Erbmasse geprägt". Daher sei der „Bezugspunkt allen politischen Handelns die Abstammungs- und Kulturgemeinschaft des Volkes". So ist nach Auffassung der NPD das Ausländer- und Überfremdungsproblem" die Überlebensfrage des deutschen Volkes". Die Anti-Ausländeragitation ist mittlerweile zum „Dauerthema" des Rechtsextremismus geworden. Sie gipfelt in Wahlkampfparolen wie „Schluß mit der menschen- und völkerverachtenden Integrationspolitik! Erhaltung der nationalen und kulturellen Identität der Ausländer, Ausländerstopp! Deutschland den Deutschen!"

Dauerthema ist auch die Verharmlosung des Dritten Reiches. Man rechtfertigt die NS-Diktatur, indem z. B. behauptet wird, daß die These „Hitler sei an allem schuld" bis „ins kleinste Detail widerlegt ist". „Andere und nicht er" hätten den Zweiten Weltkrieg entfacht. Die Holocaust-Fernsehserie bezeichnete man als „volksverhetzendes Greuelmärchen US-jüdischer Geschäftemacher".[2] Auch die verfassungsmäßigen Institutionen der Bundesrepublik werden in übler Weise diffamiert: „Geldsackdemokraten", Kartellbonzen", „Volkszerstörer", „Volksverhetzer", Besatzer-Parteien", „Bonner Polit-Gangster" usw. 1983 hat sich der zweite Wehrdienstsenat des Bundesverwaltungsgerichtes zur Verfassungsfeindlichkeit der

2 Die Aussagen und Zitate sind dem NPD-Parteiorgan „Deutsche Stimme" und diversen regionalen Parteiblättern und Flugblättern von 1978 – 1985 entnommen.

NPD geäußert. Der stellte fest, daß die Partei wesentliche Grundrechte nicht oder nur eingeschränkt anerkenne. Die NPD fordere den Vorrang der „Völkergemeinschaft“ vor dem einzelnen. Darunter verstehe sie, erkennbar ausgerichtet an nationalsozialistischen Vorbildern, eine rassistisch bestimmte, auf Menschen deutschen Blutes beschränkte Gemeinschaft. Diese Deutung des Begriffs „Völkergemeinschaft“ werde bestätigt durch einen kaum verhüllt zum Ausdruck kommenden Antisemitismus. Diese Zielsetzung sei mit dem Gleichheitsgrundsatz des Artikels 3 des Grundgesetzes, insbesondere mit dem Verbot der Rassendiskriminierung, ebenso wenig zu vereinbaren wie mit den im Grundgesetz den Menschen verbürgten Freiheitsrechten. Die NPD bekämpfe die demokratischen Parteien der Bundesrepublik Deutschland in einer Weise, die erkennen lasse, daß sie alle diese Parteien aus dem politischen Leben zu eliminieren trachte.

Wer die Mentalität und politische Grundhaltung der Studenten an den Universitäten der Bundesrepublik kennt, wird zugeben müssen, daß die dargestellten Formen von rechtsextremer Agitation und Propaganda keine Chancen haben. Es ist auch keine politische Lage in der absehbaren Zukunft denkbar, in der hier eine Wandlung eintreten könnte. Der Rechtsextremismus ist, anders als der Linksextremismus, keine Gefahr für unsere Hochschulen.

DOKUMENTE

Die in dieser Dokumentation wiedergegebenen Texte sind zum Teil Flugblättern entnommen, die sich auf Grund ihrer äußerlichen Gestaltung (Bilder, Grafiken usw.) nicht zum Abdruck eignen.

Dokument 1

Übersicht über die Ergebnisse der Wahlen zu den Studentenvertretungen im Sommersemester 1986, Dokumentation der Westdeutschen Rektorenkonferenz vom 24. 8. 1986.

TH Aachen

Datum der Wahl: 9. – 13. 6. 86 (10. – 14. 6. 85)	Wahlbeteiligung: 25,7 % (24,7 %)
Studentenparlament	
RCDS	13 (14)
Basisgruppe	7 (8)
Allg. Fachschaftsliste/SLH	6 (7)
Jungsozialisten/Hochschulgruppe	6 (5)
Liste „Mach mit“	4 (–)
SHB and friends	3 (2)
Linke Liste	1 (1)
Aktion ungestreßter Studenten	1 (1)
	41

ASTA
Datum der Wahl: 2. 7. 1986 (5. 7. 1985)
BG, Juso-HSG, Autonome
(RCDS 4, Allg. Fachschaftsliste/SLH 2)

U Bielefeld

Datum der Wahl:	Wahlbeteiligung:
2.7.86 (6.–10.5.85)	22,78 % (23,5 %)

Studentenparlament

Erste Grün-Alternative Liste	9 (10)
MSB	6 (5)
JUSO/HSG	5 (6)
RCDS	5 (4)
SHB	3 (4)
Basisliste	1 (–)
	29

ASTA
Datum der Wahl: 10.10.1985 (20.9.1984)
JUSO-HSG, EGAL (JUSO/HSG u. EGAL)

U Bochum

Datum der Wahl:	Wahlbeteiligung:
27.–31.1.1986 (28.1.–3.2.1985)	21,68 % (21 %)

Studentenparlament

Wehrt Euch	8 (–)
RCDS	7 (8)
SHB	6 (4)
Liste Linker Fachschaften	5 (4)
JUSO/HSG	3 (3)
SLH	1 (1)
Judos	1 (1)
Liste „UP“	1 (–)
Liste „BUP“	1 (–)
Autonome Frauen	1 (–)
LSI	1 (1)
	35

ASTA
Datum der Wahl: 14.3.1986 (12.6.1984)
Wehrt Euch/MSB, Unorg. u. SHB, Juso/HSG, Jungdemokr., Unabh. (MSB/JUSO-HSG, LiLiFa, SHB, Buntspecht, Judos, Unab.)

U Bonn

Datum der Wahl:	Wahlbeteiligung:
21.–24.1.86 (22.–25.1.85)	33,22% (34,67%)

Studentenparlament

LA (Liberale Aktion) mit SLH	11 (8)
RCDS	10 (12)
JUSO/HSG	9 (9)
Liste undogmatischer Studenten	5 (5)
GAG	4 (5)
Wehrt Euch!	4 (4)
SHB	3 (4)
Kritische Fachschaftlerliste	3 (–)
Kolibri	2 (1)
	51

ASTA

Datum der Wahl: 23.10.85 (2.5.85)
JUSO/HSG, Lust u. Autonome Frauen, GAG, Kritische Fachschaftler, SHB, Wehrt Euch
(SHB, Wehrt Euch, GAG, Frust u. Aut. Frauen, LHV, JusoHSG)

U Gießen

Datum der Wahl:	Wahlbeteiligung:
Juni 1986 (9.–15.7.85)	23,63% (24%)

Studentenparlament

RCDS	9 (8)
Unterstützt d. Basisgruppe/Grüne	6 (9)
JUSO/HSG	6 (5)
Agrar/H+E and friends	4 (–)
GABL	2 (3)
Marx Brothers and Sisters unl.	1 (1)
Wehrt Euch! MSB	1 (1)
GAL	1 (–)
	30

ASTA

Datum der Wahl: 3.7.86 (10.7.85)
Jusos, Agrar/H+E and friends, BG/Grüne
(BG/Grüne 9, Juso 5. GAL 3)

U Göttingen

Datum der Wahl: 27. – 31. 1. 86 (21. – 25. 1. 85)	Wahlbeteiligung: 28,73 % (30,6 %)

Studentenparlament

UFO (Unabh. Fachschaftsoffensive)	14 (14)
RCDS	13 (9)
Jungsozialisten	9 (7)
Grün Alternative Liste	7 (20)
Linke Hochschulliste	6 (–)
Linke Alternative	6 (–)
Liste „Vereinigung z. Förderung d. rationalen pol. Diskurse angesichts d. herrschenden Verwirrung“	2 (–)
Liste „Zahn um Zahn“	1 (–)
SHB	1 (–)
	59

ASTA

Datum der Wahl: 9. 7. 86 (Febr. 1986)
Juso/HSG, GAL, Linke Altern., Linke Hochschulliste
(Juso-HSG, Linke Hochschulliste, Linke Alternative)

U Mainz

Datum der Wahl:	Wahlbeteiligung:
21. 11. 85 (14. 11. 84)	25,16 % (24,1 %)

Studentenparlament

BG	9 (9)
Die Geier	9 (7)
RCDS	8 (10)
Unabh. Direktkandidaten	5 (1)
Jusos-HSG	4 (4)
Offene Basisgruppe	2 (2)
LHV	2 (2)
MSB u. Unorg.	2 (–)
SHB und Unorg.	2 (1)
	43

ASTA

Datum der Wahl: 11. – 14. 11. 85 (Dez. 1984)
BG, Juso-HG, MSB Spartakus, SHB (BG 14, MSB-SHB 6, Jusos 4, Linksunabh. 3, Offene BG 2)

U Oldenburg

Datum der Wahl:	Wahlbeteiligung:
Jan./Febr. 1986 (28. 1. – 1. 2. 85)	22,7 % (25,4 %)

Studentenparlament

Anti (undogm. Linke)	14 (26)
Wehrt Euch	14 (–)
SHB u. friends	10 (11)
„Donnerwätter“	7 (–)
RCDS	2 (2)
Talking Heads	2 (–)
Einzelperson	1 (–)
	50

ASTA

Datum der Wahl: 27. – 31. 1. 86 (Februar 1985)
Anti (Anti)

U Osnabrück

Datum der Wahl: 28. – 30. 1. 86 (29. – 31. 1. 85)

Wahlbeteiligung: 24 % (28,9 %)

Studentenparlament

RCDS	18 (11)
Lysistrate (autonome Frauenliste)	16 (10)
Juso/HSG	12 (5)
Schwarze Witwe	6 (–)
MSB	4 (2)
Alternatives Schreckgespenst	4 (–)
Linksanwälte	4 (7)
Antikolonialistische Liste	2 (–)
	66

ASTA

Datum der Wahl: 11. 6. 86 (5. u. 12. 6. 85)
Lysistrate 9 (Lysistrate 8)

Dokument 2

GRUNDSATZERKLÄRUNG des Marxistischen Studentenbundes SPARTAKUS

verabschiedet auf dem 1. Bundeskongreß am 21. Mai 1971 in Bonn

Die Krise des Hochschulwesens in der Bundesrepublik ist offenkundig geworden. Überfüllung und miserable Studienbedingungen, Bildungsprivileg und Numerus clausus, Schmalspurausbildung und Prüfungsdruck, unzureichende Ausbildungsförderung, die Entwicklung von Kriegsforschung und Vernichtungstechnik, reaktionäre Lehrinhalte und die Degradierung zur Untertanenfabrik, so ist die Lage an unseren Hoch- und Fachhochschulen. Ein großer Teil der Studenten ist nicht mehr bereit, sich damit abzufinden und organisiert sich im Kampf gegen die Formierung von Wissenschaft und Ausbildung.

Studenten reihen sich ein in die Bewegung gegen Neofaschismus und Rechtsentwicklung, für Frieden in Europa und die Solidarität mit allen vom Imperialismus unterdrückten und um ihre Befreiung kämpfenden Völkern, insbesondere mit den Völkern Indochinas. Dadurch geraten sie in Widerspruch zur Politik der systemtragenden Parteien in der Bundesrepublik. Die Ursachen all dieser Konflikte liegen in den Besitz- und Machtverhältnissen in unserem Land. Das Privateigentum an Produktionsmitteln hat dazu geführt, daß sich die ökonomische Macht in den Händen einer immer kleineren Schicht von Monopolherren konzentriert. Diese ökonomische Macht bedeutet auch politische Macht, – die ihrerseits den Monopolisierungsprozeß weitertreibt. Dem Profit-und Machtstreben, dem bestimmenden Wesenszug des Monopolkapitals, werden zunehmend alle Bereiche der Gesellschaft, also auch Wissenschaft und Ausbildung, unterworfen.

Diese zunehmende Konzentration und Zentralisation des Kapitals verstärkt alle antidemokratischen und aggressiven Tendenzen des Systems: Notstandspraxis und Meinungsmanipulation nach innen, nach außen Großmachtpolitik, Revanchismus und Aggressivität gegen die sozialistischen Länder. Während die Rüstungsausgaben ständig steigen, werden die Investitionen für Bildung und Erziehung konstant vernachlässigt.

Der Kapitalismus in seinem imperialistischen Stadium, dessen Grundlage die Herausbildung und Herrschaft der Monopole ist, verschärft den grundlegenden Widerspruch des Kapitalismus zwischen dem gesellschaftlichen Charakter der Produktion und der privaten Aneignung Ihrer Ergebnisse. Der sich aus dem Stand der Produktivkräfte ergebenden Notwendigkeit der gesamtgesellschaftlichen Prognose und Planung stehen das Privateigentum an Produktionsmitteln und die Konkurrenz um Extraprofite entgegen.

Diese Verschärfung des Widerspruchs zwischen Produktivkräften und kapitalistischen Produktionsverhältnissen zwang zur Verflechtung der Macht der Monopole mit der Macht des Staates, zur Herausbildung des staatsmonopolistischen Kapitalismus, der die reaktionäre Macht der Monopole erhalten und den objektiv herangereiften Übergang zum Sozialismus verhindern soll.

Die Widersprüche dieses staatsmonopolistischen Systems in der BRD spitzen sich mit der Entwicklung der wissenschaftlich-technischen Revolution weiter zu. In der wissenschaftlich-technischen Revolution wird Wissenschaft zur unmittelbaren Produktivkraft. Die Ergebnisse der Wissenschaft finden nicht nur mehr sporadisch und planmäßig Anwendung in der Produktion, sondern heute ist das wirtschaftliche Wachstum wesentlich abhängig von der Entwicklung in der wissenschaftlichen Arbeit, von der Abstimmung der Forschung auf die Bedürfnisse der Produktion und von der praktischen Anwendung der Ergebnisse der Wissenschaft.

Im staatsmonopolistischen Kapitalismus werden Wissenschaft und Forschung zwar gesellschaftlich betrieben und finanziert, ihre Ergebnisse aber eignen sich die Monopole im Interesse ihres Profits und ihrer Macht an.

Rückständiges Bildungswesen

Die Rückständigkeit des Bildungswesens in der BRD wurde zur Schranke für das Profit- und Machtstreben des Großkapitals. Um ihr System zu stabilisieren, um in der internationalen Konkurrenz zu bestehen, vor allem aber, um in der Systemauseinandersetzung mit den sozialistischen Ländern nicht weiter an Boden zu verlieren, verstärken die Monopole ihre Anstrengungen, die Wissenschaft in den Griff zu bekommen, zu lenken und in ihrem Interesse zu formieren.

Die Veränderungen im Hochschulbereich, wie sie von der CDU/CSU, der SPD und der FDP propagiert werden, haben einzig und allein die Festigung der bestehenden Ausbeuterordnung, die Effektivierung des staatsmonopolistischen Systems zum Inhalt; CDU/CSU, SPD und FDP betreiben die Hochschulpolitik vorrangig mit dem Ziel, jeden Ansatz einer Demokratisierung der Hochschule im Keim zu ersticken. Ihnen geht es vor allem um die Disziplinierung der Studenten durch reaktionäre Hochschulgesetze und einen verschärften Prüfungs- und Leistungsdruck. Während die CDU/CSU dieses Ziel durch offene Unterdrückungsmaßnahmen erreichen will, während die FDP jeden Ansatz von wirklicher Mitbestimmung in der Hochschulgesetzgebung bekämpft, verbindet die SPD-Führung mit ihrer Formierungspolitik zugleich die Absicht, durch eine Taktik der minimalen Konzessionen die demokratischen Kräfte mit dem System zu versöhnen und für seine Ziele zu aktivieren.

Von diesen Parteien haben die Studenten keine demokratischen Reformen zu erwarten. Sie müssen selber handeln. Nicht als Geschenk des Herrschenden, sondern nur als Ergebnis eines langen und konsequenten Kampfes sind soziale Verbesserungen, demokratische Rechte und eine grundlegende demokratische Erneuerung des Hochschulwesens in der Bundesrepublik zu erreichen. Nur als Teil des gesamtgesellschaftlichen Kampfes gegen die Monopolherrschaft, als untrennbarer Bestandteil einer antimonopolistischen und sozialistischen Alternative zum gesamten staatsmonopolistischen Herrschaftssystem kann dieser Kampf erfolgreich geführt werden.

Der Marxistische Studentenbund SPARTAKUS versteht sich in diesem Kampf als aktive, organisierende und bewußtseinsbildende Kraft unter der Studentenschaft. Das gemeinsame Interesse der Mehrzahl der Studenten, ihre materielle und soziale Existenz zu sichern, auf Gestaltung und Inhalt des Studiums einzuwirken und ihre späteren Arbeitsplätze zu sichern, richtet sich heute objektiv gegen die Formierungspolitik der Monopole und ihres Staates.

Der wichtigste und stärkste Gegner der Monopolmacht ist die Arbeiterklasse. Dies folgt aus ihrer objektiven Klassenlage. Sie ist nicht nur die zahlenmäßig stärkste Klasse, sondern die einzige, die mit der Entwicklung der Produktion zahlenmäßig wächst. Sie ist das entscheidende Ausbeutungsobjekt des Monopolkapitals, durch ihre Stellung im Produktionsprozeß unmittelbar mit dem Kapitalismus konfrontiert. Ihre Konzentration, ihre Organisiertheit, die Tatsache, daß die Theorie von Marx, Engels und Lenin die wissenschaftliche Grundlage für den Kampf der Arbeiterklasse bildet, sichert ihr die führende Rolle. Der Platz der kämpfenden fortschrittlichen Studenten ist deshalb an der Seite der Arbeiterklasse.

Bildungsprivileg brechen!

Die Gemeinsamkeit der Interessen wird bereits heute wirksam in der Solidarisierung mit der Forderung der Arbeiterklasse nach Mitbestimmung in Betrieb und Wirtschaft, Staat und Gesellschaft, mit dem Kampf der Arbeiterjugend für eine qualifizierte und demokratische Berufsausbildung, mit der Forderung, das Bildungsprivileg zu brechen. In unserer Epoche gewinnt die enge Verbindung der Intelligenz und der Arbeiterklasse im Kampf gegen das Großkapital immer größeres Gewicht, um die Probleme der wissenschaftlich-technischen Revolution im Interesse der Mehrheit der Bevölkerung zu lösen. Dabei müssen die Studenten tiefverwurzelte arbeiterfeindliche Vorurteile überwinden. Mit der wissenschaftlich-technischen Revolution geraten die Hochschulen mehr als bisher in das unmittelbare Feld der Klassenauseinandersetzungen: immer brennender wird für die Arbeiterklasse und die mit ihr verbündeten Klassen und Schichten, so auch für die Mehrheit der Intelligenz, die Frage, von wem und zu wessen Nutzen die Wissenschaft eingesetzt wird.

Die Interessen großer Teile der Studenten verflechten sich mit denen der Arbeiterklasse zusätzlich, weil sie perspektivisch lediglich über die eigene Arbeitskraft verfügen, zu deren lebenslangem Verkauf sie gezwungen sein werden. Sie werden zunehmender Arbeitsteilung und der Gefahr unterliegen, Qualifikation und Beschäftigung durch technische Umwälzungen und durch Krisen zu verlieren. Die überwältigende Mehrheit der Studenten hat mit der Arbeiterklasse ein gemeinsames Interesse an der friedlichen Nutzung wissenschaftlicher Ergebnisse, an der Ausbildung qualifizierter, dem gesellschaftlichen Fortschritt verpflichteter Wissenschaftler.

In der Bundesrepublik werden die Möglichkeiten der wissenschaftlich-technischen Revolution pervertiert, werden Produktivkräfte in steigendem Maße in Destruktivkräfte verwandelt. Damit wird einmal mehr deutlich, daß die spätkapitalistische Gesellschaftsordnung historisch überlebt ist, daß der wissenschaftlich-technische Fortschritt den gesellschaftlichen Fortschritt, den Sozialismus, erfordert.

Nur in der sozialistischen Gesellschaftsordnung wird die Wissenschaft endgültig frei von der Fessel, dem Profitinteresse einer Minderheit zu dienen. Nur in der sozialistischen Gesellschaftsordnung kann die Intelligenz, können die Studenten ihre wissenschaftlich gebildete Arbeitskraft schöpferisch zur planvollen Nutzung und Mehrung des gesellschaftlichen Reichtums und zum Wohle des werktätigen Volkes einsetzen.

Die sozialistische Gesellschaftsordnung setzt die Errichtung der politischen Macht der Arbeiterklasse voraus und gründet sich ökonomisch auf das gesellschaftliche Eigentum an allen wichtigen Produktionsmitteln.

Der Weg zum Sozialismus führt über den Kampf zur Veränderung des politischen Kräfteverhältnisses zugunsten der Arbeiterklasse und ihrer Verbündeten, über die Einschränkung und schließliche Brechung der Monopolmacht.

Den demokratischen Kampf offensiv führen!

Die Monopolherrschaft ist das eigentliche Zentrum des Profit- und Machtmechanismus des Spätkapitalismus. Ihr wohnt die Tendenz zum Abbau aller demokratischen Rechte und Freiheiten inne. Sie bedroht täglich die Lebensinteressen nicht nur der Arbeiterklasse, sondern auch die der anderen werktätigen Klassen und Schichten. Sie erzeugt gleichzeitig demokratische Bestrebungen in den Massen. Damit ist die Möglichkeit gegeben, breite Schichten in den antimonopolistischen demokratischen Kampf für Frieden, demokratische Rechte, sozialen Fortschritt und Mitbestimmung einzubeziehen. Der Kampf um die Zurückdrängung und schließliche

Überwindung der Macht der Monopole ist gegenwärtig die Kernfrage revolutionärer Politik in der BRD.

Ziel dieses Kampfes ist die Errichtung einer fortschrittlichen Demokratie, in der die Arbeiterklasse als führende Kraft mit ihren Verbündeten auf der Grundlage der errungenen zentralen politischen Machtpositionen den entscheidenden politischen Einfluß in Staat und Gesellschaft ausübt und die Schlüsselindustrien und Banken in öffentliches Eigentum überführt. Die antimonopolistische Umwälzung hat einen großen eigenen Stellenwert im Ringen um Frieden, Demokratie und sozialen Fortschritt. Sie ist zugleich die notwendige Etappe des Kampfes, in der die entscheidenden Voraussetzungen für die sozialistische Revolution geschaffen werden. Um die Macht der Monopole zu brechen, bedarf es der gemeinsamen Anstrengung der vom Monopolkapital unterdrückten Volksmassen, bedarf es ihrer Sammlung um die Arbeiterklasse in einem demokratischen Bündnis. Der antimonopolistische Kampf wird in dem Maße vorankommen, wie Klassenbewußtsein, Kampfkraft und Organisiertheit der Arbeiterklasse in unserem Lande wachsen.

In diesem Kampf bildet die Durchsetzung grundlegender demokratischer Reformen wichtige Stützpunkte. Antimonopolistische Reformen bedeuten: den gefährlichsten Kräften des Militarismus und der äußersten politischen Reaktion, dem Rechtskartell, Niederlagen zu bereiten, dem Monopolkapital Zugeständnisse abzuringen und seine Machtpositionen zu schwächen und zurückzudrängen. Solche tiefgreifenden demokratischen Reformen können nur im Wege des Massenkampfes, der Konfrontation der Massen mit dem staatsmonopolistischen System durchgesetzt werden. Antimonopolistische Reformen haben zugleich große Bedeutung für die Heranführung der Massen an den Sozialismus. Denn im Kampf um solche Reformen wachsen die Kampferfahrungen der revolutionären Kräfte, entwickelt sich ihr Klassenbewußtsein, werden neue Kampf- und bessere Ausgangspositionen erobert, werden die Reihen der revolutionären Kräfte erweitert.

Die Verwirklichung des Sozialismus ist jedoch mehr als eine Reform oder eine Summe von Reformen, sie ist eine grundlegende gesellschaftliche Umwälzung. Nur eine Arbeiterklasse, die durch bewußten, organisierten Klassenkampf erzogen und zur Revolution befähigt wird, wird in der Lage sein, die Aufgaben des sozialistischen Aufbaus zu bewältigen.

Kampffeld Hochschule

Um dem Kampf der Studenten Richtung und Ziel zu geben, entwickelt der Marxistische Studentenbund SPARTAKUS, ausgehend von den Interessen der arbeitenden Bevölkerung und der Mehrheit der Studenten, ein Programm der demokratischen Alternative zur Politik des Großkapitals im Wissenschafts- und Ausbildungssektor. Er entwickelt eine Strategie, die den Kampf an der Hochschule mit dem sozialen und politischen Gegenwartskampf überhaupt und dem Kampf um den Sozialismus verbindet.

Er wirkt im antiimperialistischen Kampf der demokratischen und sozialistischen Studenten als einigende Kraft, er entwickelt antimonopolistische, den sozialen und politischen Kampf verbindende Aktionsziele, wirkt für den gemeinsamen Kampf der Arbeiter- und Studentenbewegung.

SPARTAKUS arbeitet eng mit solchen Studentengruppen zusammen, die ebenfalls für Mitbestimmung und Demokratisierung der Hoch- und Fachhochschulen eintreten. Er unterstützt die Forderungen und Initiativen demokratischer Kräfte außerhalb der Hochschulen, die eine demokratische Hochschulreform zum Inhalt haben.

Er arbeitet insbesondere eng mit den fortschrittlichsten Teilen der Arbeiterbewegung zusammen. Er weiß sich der Deutschen Kommunistischen Partei durch die gemeinsame marxistische Theorie, das sozialistische Ziel und die gemeinsame antimonopolistische Orientierung im Hochschulkampf solidarisch verbunden.

Der Marxistische Studentenbund SPARTAKUS ist eine aktive und initiative Kraft im Kampf gegen die Formierung der Hoch- und Fachhochschulen.

- Er verteidigt jedes demokratische Recht der Studentenschaft, jede demokratische Errungenschaft vor dem Zugriff der Reaktion.
- Er wirkt aktiv in den Organen der Studentenschaft und unterstützt die Weiterentwicklung des vds als fortschrittlichen Dachverband aller westdeutschen Studentenschaften.

- Als politischer Studentenverband kämpft er zugleich beharrlich für die sozialen Interessen der Studenten, für eine umfassende Verbesserung der Studienbedingungen, für eine qualifizierte Ausbildung, die breite Disponibilität sichert.

- Er orientiert die Studenten auf die konsequente Mitarbeit in den Gewerkschaften während des späteren Berufslebens, weil er darin einen Beitrag zur Überwindung des bornierten bürgerlichen Akademismus, zur Heranführung der Studenten an den praktischen demokratischen und revolutionären Kampf in Fabrik, Schule, Büro und Labor, zur Stärkung der breitesten Massenoranisation der Arbeiter und Angestellten gegenüber dem Monopolkapital sieht.

Der Marxistische Studentenbund SPARTAKUS sieht in der Durchsetzung von Mitbestimmung und demokratischer Kontrolle über Forschungsplanung, Verwertung von Forschungsergebnissen, Lehre, Studium und Stellenbesetzungen durch die Hochschulangehörigen und die Arbeiterorganisationen das zentrale Kettenglied im Kampf für eine fortschrittlich-demokratische Hochschulreform, als Teil des Ringens für Demokratie und Sozialismus.

Die Kraft des Marxismus

Den Weg zu Demokratie und Sozialismus weist die Theorie von Marx, Engels und Lenin, der wissenschaftliche Sozialismus. Aus den sich verschärfenden Widersprüchen des staatsmonopolistischen Kapitalismus, der Systemauseinandersetzung zwischen Sozialismus und Kapitalismus erklärt sich das wachsende Interesse am Marxismus in den imperialistischen Ländern, erklärt sich, daß gerade auch Studenten in der Beschäftigung mit dem Marxismus Antwort auf die brennenden Probleme der gesellschaftlichen Entwicklung in der Gegenwart suchen. Die Entwicklung der westdeutschen Studentenbewegung beweist, daß die konkrete Anwendung des Marxismus von entscheidender Bedeutung für den erfolgreichen Verlauf der politischen Bewegung an den Hoch- und Fachhochschulen ist.

Der Marxistische Studentenbund SPARTAKUS verbreite die Theorie von Marx, Engels und Lenin unter den Studenten. Nur in Verbindung mit dem Marxismus und den Erfahrungen der internationalen Arbeiterbewegung und der gesamten antiimperialistischen Bewegung können die Studenten in der Aktion politisches Bewußtsein entwickeln, sich bewußt und konsequent auf die Seite der Arbeiterklasse und des gesellschaftlichen Fortschritts stellen und die geistige Manipulation durch die bürgerliche Wissenschaft durchbrechen. Die Mitglieder des SPARTAKUS eignen sich daher die Theorie von Marx, Engels und Lenin und die Erfahrungen der internationalen Arbeiterbewegung, der gesamten antiimperialistischen Bewegung, an.

Der Marxistische Studentenbund SPARTAKUS kämpft dafür, daß der Marxismus an unseren Hoch- und Fachhochschulen unverfälscht, das heißt von Marxisten dargestellt werden kann. Er führt offensiv den Kampf gegen alle bürgerlichen Ideologien, die den Studenten illusionäre Eliteaussichten vorgaukeln und die der geistigen, politischen und sozialen Unterdrückung der arbeitenden Menschen dienen. Insbesondere bekämpft er den Antikommunismus in allen seinen Spielarten, der von den Herrschenden immer schon benutzt wurde, um die demokratische Bewegung zu schwächen und zu spalten.

Gemeinsam gegen den Imperialismus

Als die marxistische Studentenorganisation in der BRD stellt sich SPARTAKUS zugleich konsequent in die Reihen der Kämpfer gegen den Imperialismus in der ganzen Welt. Nur durch die internationale Solidarität der antiimperialistischen Kräfte ist dem nationalen Kampf gegen das kapitalistische System der Erfolg sicher.

Tiefgreifende revolutionäre Umgestaltungen verändern das Kräfteverhältnis in der Welt. Auf einem Drittel des Erdballs, in den Ländern des sozialistischen Weltsystems, ist die Ausbeutung des Menschen durch den Menschen endgültig beseitigt. Die Entstehung des sozialistischen Weltsystems gab dem weltweiten Kampf gegen den Imperialismus entscheidende Impulse.

Die Kraft und Dynamik des realen Sozialismus, die Verschärfung der Klassenkämpfe in den imperialistischen Hauptländern, die Wucht des nationalen und sozialen Befreiungskampfes in den Ländern Asiens, Afrikas und Lateinamerikas hat dazu geführt, daß der Imperialismus seine bestimmende Rolle verloren hat. Die Epoche seiner ungeteilten Herrschaft wurde von der Epoche des weltweiten Übergangs vom Kapitalismus zum Sozialismus abgelöst.

Obwohl der Imperialismus die historische Initiative verloren hat, ist seine Aggressivität gewachsen. Sie ist die Quelle ständiger Bedrohungen für die Völker der ganzen Welt. Bewaffnete Interventionen, grausame Repressalien gegen die Befreiungsbewegung, konterrevolutionäre Umstürze, die Schürung von Völkerhaß, von Antikommunismus und Antisowjetismus, gehören zu seinem Instrumentarium.

Die gegenwärtige Situation gebietet die Einheit aller antiimperialistischen Kräfte. Die Kampfsolidarität der sozialistischen Länder, der Arbeiterbewegung in den entwickelten kapitalistischen Ländern und der nationalen Befreiungsbewegung ist der sicherste Garant für ihren Sieg.

Deshalb dürfen sich die antiimperialistischen Studenten nicht gegen die Sowjetunion und die anderen sozialistischen Staaten mißbrauchen lassen, die für die Kampfsolidarität größte materielle, ökonomische und militärische Opfer bringen.

Daher weist SPARTAKUS den Antikommunismus in jeder Spielart als Schwächung der notwendigen Einheit im antiimperialistischen Kampf entschieden zurück. Der Marxistische Studentenbund SPARTAKUS entwickelt freundschaftliche Beziehungen zu den antiimperialistischen Studentenorganisationen in der Welt und übt in jeder Beziehung praktische Solidarität mit der nationalen Befreiungsbewegung.

Eine entscheidende Voraussetzung für die Zurückdrängung des Imperialismus ist der Kampf um Frieden. Deshalb tritt der Marxistische Studentenbund SPARTAKUS für eine Poitik der friedlichen Koexistenz zwischen den Staaten unterschiedlicher Gesellschaftsordnung ein.

Eine solche Politik hat nichts gemein mit Klassenfrieden und stellt das Recht der unterdrückten Völker und Klassen, alle Mittel für ihre Befreiung, bis zum bewaffneten Kampf, anzuwenden, nicht im geringsten in Frage. Sie schafft im Gegenteil die günstigsten Voraussetzungen für die Erstarkung der sozialistischen Länder und für die Entfaltung des Klassenkampfes in den imperialistischen Ländern, sie stärkt die Kampfpositionen der nationalen Befreiungsbewegung.

Der Marxistische Studentenbund SPARTAKUS tritt deshalb aktiv für eine europäische Friedensordnung ein, die auf Anerkennung der bestehenden Grenzen und Abrüstung beruht.

Er kämpft gegen die Militarisierung der Hochschulen, gegen offene und geheime Kriegsforschung, für die drastische Kürzung des Rüstungshaushaltes zugunsten demokratischer Bildungsreformen.

Der Marxistische Studentenbund SPARTAKUS ist die marxistische Studentenorganisation in der BRD, die für die antimonopolistische Alternative im Hochschulbereich und in der Gesamtgesellschaft, für eine sozialistische Zukunft kämpft. Wir wenden uns an die Studenten der Hoch- und Fachhochschulen in der Bundesrepublik.

Kämft an der Seite der Arbeiterklasse
Gegen den Imperialismus
Für eine demokratische Hochschule
Für Frieden, Demokratie und Sozialismus
KÄMPFT MIT SPARTAKUS!

Wir rufen die marxistischen Studenten, alle, die den Weg zum Marxismus suchen, die ernsthaft bereit sind, den Kampf gegen Imperialismus und Monopolkapital organisiert zu führen, auf:
ORGANISIERT EUCH IM SPARTAKUS!

Dokument 3

Flugblatt des MSB-Spartakus zur Demonstration in Wackersdorf, Pfingsten 1986

Was sich am Pfingstwochenende in Wackersdorf abspielte, erinnerte an Bilder wie man/frau sie ansonsten eigentlich nur aus Belfast oder Beirut gewohnt ist, aus Bürgerkriegsgebieten halt.

Ein Hubschrauber wirft Gasbomben auf Menschen ab. Die Menschen fliehen in Panik. Sie drohen zu ersticken, würgend atmen sie, erbrechen sich. Einige erblinden für Stunden. Die Bombenwerfer nehmen keine Rücksicht darauf, daß sich in der Menschenmenge auch Kinder und nicht mehr ganz gesunde ältere Menschen befinden. Eingesetzt wird ein Gas, das unter die Genfer Konvention über Nervengase fällt und auch bei gesunden Menschen schwere Schäden nach sich ziehen kann.

Die Bewohner einer ganzen Region ziehen in ihren Wald. Sie leisten Widerstand gegen den Bau einer WAA, die, wie wir spätestens seit Tschernobyl wissen, ein nicht zu verantwortendes Risiko für Mensch und Umwelt birgt, die zudem noch zu militärischen Zwekken mißbraucht werden kann und ökonomisch völlig unsinnig ist, lediglich Profitinteressen dient. Die Bewohner haben Angst um sich, ihre Kinder, ihr Land. Unterstützt werden sie seit langem von zahlreichen auswärtigen WAA-Gegnern aus der ganzen BRD, die von ihnen als Freunde und keineswegs als Chaoten angesehen werden, wie die landläufigen Medien versuchen uns weiszumachen.

Diesen Widerstand beantwortet die bayrische Landesregierung mit einem Überfall schwer bewaffneter Polizeieinheiten und Bundesgrenzschutz. Hunderte Verletzte und Gefangene werden gezählt. Der Innenminister läßt verlauten: Man hätte auch schießen können. Bombardierungen aus der Luft hält er offenbar für die menschlichere Form der Kriegsführung.

Nach der Schlacht der Kriegsbericht des Oberkommandos. Die Uniformierten haben „tapfer" gekämpft, lobt der Bundesinnenminister. Stolz zählt er auf, was er alles zum Krieg beisteuerte: zwei Einsatzhundertschaften des Bundesgrenzschutzes (neben Tausenden Polizisten), zehn Wasserkanonen, mehrere zehntausend Liter Reizstoffstammlösung. Sein besonderer Stolz: der Bundesgrenzschutz.

Das Ausmaß ist neu, das Szenario bekannt: „Gewalttäter" sind wie gerufen zur Stelle... – und da muß doch der starke Staat her, unbedingt!

Die Oberen planen neue Schlachten: Wir brauchen ein noch schärferes Demonstrationsrecht. Am besten Demos nur noch mit Polizisten, ganz ohne Bürger. „Distanzmittel" nennt der bayrische Innenminister seine zukünftigen Waffen. Dabei handelt es sich um 200 g schwere Hartgummigranaten nebst Kanonen vom Rüstungsunternehmen Messerschmitt-Bölkow Blohm.

Aber die Angst vor den Folgen eines nicht auszuschließenden Unfalls bleibt Angst, die in Widerstand umschlägt, was immer die Minister planen.

Dokument 4

Grundsatzerklärung des SHB

Der SHB kämpft für eine Gesellschaftsordnung, in der das kapitalistische Profitprinzip abgeschafft ist und der arbeitende Mensch im Mittelpunkt der gesellschaftlichen Planung und Entwicklung steht, für eine Gesellschaftsordnung also, die auf der Grundlage der Ausübung der Staatsmacht durch die Arbeiterklasse und ihrer Organisationen die Demokratisierung aller Lebensbereiche für die arbeitende Bevölkerung bedeutet: für den Sozialismus.

Unter den Bedingungen des heutigen Monopolkapitalismus und seiner Tendenz zur Reaktion in allen gesellschaftlichen Bereichen kämpft der SHB an der Seite der Arbeiterklasse für demokratische Reformen im ökonomischen, sozialen und politischen Bereich, um so die Einflußmöglichkeit der Arbeiterklasse gegen die Macht- und Herrschaftspläne des Großkapitals zu erhöhen und die Bedingungen zur Erkämpfung des Sozialismus zu verbessern.

In diesem Rahmen ist es für den SHB notwendig, in der Verbindung von gewerkschaftlich orientierter Massenpolitik an der Hochschule und als Bestandteil der fortschrittlichen Sozialdemokratie im Kampf um eine demokratische Wissenschafts- und Bildungspolitik einen Beitrag zum demokratischen und sozialistischen Kampf der Arbeiterbewegung zu leisten.

Der SHB als politischer Studentenverband hat zum Ziel, die Studenten für den demokratischen und sozialistischen Kampf zu gewinnen. Deshalb leistet der SHB einen Beitrag dazu, die Studenten in der politischen Praxis ihre reale Lage und ihr historisches Interesse an der Überwindung des staatsmonopolistischen Systems erkennen zu lassen.

Der SHB vertritt in den Organen der verfaßten Studentenschaft die Politik der gewerkschaftlichen Orientierung: Er führt den Kampf um die Demokratisierung der Hochschule und um die Durchsetzung der materiellen und politischen Interessen der Studenten, wozu auch die politische und soziale Gleichberechtigung der ausländischen Kommilitonen gehört. Durch diese Politik fördert der SHB bei der Masse der Studenten die Einsicht in die Notwendigkeit des organisierten solidarischen Handelns.

Die Demokratisierung des Bildungswesens ist die vorrangige Aufgabe im demokratischen Kampf des SHB an der Hochschule.

Ein demokratisches Bildungswesen beinhaltet für den SHB eine wissenschaftliche Ausbildung mit höchstmöglicher Qualifikation für den späteren Beruf und die Ausrichtung der Lehrinhalte an den sozialen und politischen Interessen der arbeitenden Bevölkerung. Die Ausbildung muß den Lernenden befähigen, die gesellschaftlichen Zusammenhänge zu erkennen, um ihm selbständiges politisches Denken und Handeln zu ermöglichen. Das erfordert die Einbeziehung des wissenschaftlichen Sozialismus in Forschung und Lehre, vertreten durch marxistische Wissenschaftler an der Hochschule.

Als institutionelle und strukturelle Konsequenz fordert der SHB die integrierte Gesamthochschule, in der die Mitbestimmung von Lernenden und Lehrenden sowie der Gewerkschaften gesichert ist. Der notwendige umfassende Ausbau des Bildungswesens wie auch die Realisierung eines Gleichheit der Bildungschancen für Arbeiterkinder anstrebenden Ausbildungsförderungssystems für alle Auszubildenden darf finanziell nicht auf die arbeitende Bevölkerung abgewälzt werden, sondern muß durch Herabsetzung des Rüstungshaushalts und Erhöhung der Besteuerung der Konzernprofite erfolgen.

Der SHB trägt im demokratischen Kampf an der Hochschule mit zu der Einsicht bei, daß die fortschrittlichen Forderungen der lernenden Jugend gegen die Monopolbourgeoisie nur an der Seite der Arbeiterklasse durchgesetzt werden können.

Der SHB ist eine sozialdemokratische Studentenorganisation, die auf der Grundlage des wissenschaftlichen Sozialismus um die sozialistische Umgestaltung der BRD kämpft. Hierbei leistet die marxistische Theorie und Praxis der Politik des Verbandes einen Beitrag für die Erreichung des Zieles, dem Sieg der Arbeiterklasse und der mit ihr verbündeten gesellschaftlichen Schichten über die Klasse des Monopolkapitals.

Der SHB geht davon aus, daß der Sozialdemokratie in den gegenwärtigen und zukünftigen Klassenauseinandersetzungen eine entscheidende Rolle zukommt, weil ein bedeutender Teil der Arbeiterklasse auf die Sozialdemokratie orientiert und in der SPD organisiert ist.

Der SHB hat jedoch andere Auffassungen als der rechte Flügel der SPD, dessen Strategie theoretisch wie praktisch die kapitalistische Ordnung zu stabilisieren versucht und auf die Integration der Arbeiterklasse und der fortschrittlichen Intelligenz in das herrschende imperialistische System ausgerichtet ist.

Deshalb sieht der SHB es als eine wichtige Aufgabe an, die klassenbewußten Kräfte in der SPD zu stärken. So arbeiten die in der SPD organisierten SHB-Mitglieder gemeinsam mit anderen fortschrittlichen Kräften aktiv bei den Jungsozialisten und in der SPD mit, um der marxistischen Theorie und Praxis innerhalb der SPD größeren Einfluß zu verschaffen.

Um wirkungsvoller demokratische Ziele und Vorstellungen durchsetzen zu können, arbeitet der SHB an den Hochschulen und im gesamtgesellschaftlichen Rahmen mit anderen politischen und gewerkschaftlichen Organisationen zusammen.

Ausgangspunkt dieser Zusammenarbeit ist die objektive Interessenlage der Studenten und die Notwendigkeit der Durchsetzung dieser Interessen gegen den gemeinsamen Klassengegner, die Vertreter des Monopolkapitals. Der SHB arbeitet im Kampf für die Demokratisierung des Bildungswesens mit all jenen Organisationen zusammen, mit denen in bestimmten Fragen gemeinsame Interessen und Auffassungen bestehen.

Besondere Bedeutung kommt im antiimperialistischen Kampf der Zusammenarbeit mit der Arbeiterjugend zu, denn der Kampf gegen die Ausbildungsmisere in Hochschule und Betrieb hat die gleichen Ursachen, ebenso wie im Kampf gegen Militarisierung und gegen den Abbau demokratischer Rechte die arbeitende und lernende Jugend dem gleichen gemeinsamen Gegner gegenüberstehen.

Auf Grund der Erfahrungen aus der Spaltung der Arbeiterbewegung und unter der Terrorherrschaft des Hitlerfaschismus sieht der SHB die Notwendigkeit der Zusammenarbeit mit den verschiedenen Strömungen der Arbeiterbewegung, namentlich von Sozialisten und Kommunisten.

Nur wenn der SHB in theoretischer und praktischer Hinsicht an den Hochschulen und innerhalb der sozialdemokratischen Bewegung eine eigenständige Position vertritt, kann er einen relevanten

Beitrag in die gemeinsame Arbeit der fortschrittlichen Kräfte einbringen. Die Bündnispolitik des SHB soll einen Beitrag zur Durchsetzung demokratischer Reformen, zur Veränderung des gesellschaftlichen Kräfteverhältnisses, zur Zurückdrängung der Reaktion und zur Erreichung grundlegender Veränderungen im ökonomischen, sozialen und politischen Leben der BRD leisten, um die Voraussetzungen zum Aufbau des Sozialismus zu schaffen.

Auf der internationalen Ebene des Klassenkampfes unterstützt der SHB den Kampf der nationalen Befreiungsbewegungen in den unterentwickelt gehaltenen Ländern gegen Imperialismus und Kolonialismus.

VORWÄRTS MIT DEM SHB!

Dokument 5

Satzung der Kommunistischen Studenten (Auszug)

1. PRÄAMBEL: ZIEL UND ZWECK DER KOMMUNISTISCHEN STUDENTEN

Die Kommunistischen Studenten sind der freiwillige Zusammenschluß kommunistisch gesinnter Studenten. Wir, die Mitglieder der Kommunistischen Studenten, sehen das Hauptgebiet unserer politischen Arbeit an den Hochschulen, wissen aber, daß über die Bedingungen für ein annehmbares Leben und eine wissenschaftliche Berufsausbildung, die uns Studenten im großen Maße vorenthalten werden, nicht an den Hochschulen entschieden wird. Denn für steigende Lebenshaltungskosten und Durchfallquoten, für schwindende Berufsaussichten und politische Freiheiten, für die Formalisierung von Lehrinhalten und ihre Anpassung an FDGO und Kapitalinteressen sind weniger Professoren und Hochschulbürokratie verantwortlich als ihre Auftraggeber und Drahtzieher in Monopolen und Banken. „Über das Fleisch", sagte schon Bertolt Brecht, „das euch in der Küche fehlt, wird nicht in der Küche entschieden", und schloß die Frage an: „Aber was ist der Ausweg?"

Der Ausweg, auch für die übergroße Mehrheit der Studenten, kann nur der Sturz der bürgerlichen Herrschaft und der Aufbau des Sozialismus in einem vereinten, unabhängigen und sozialistischen Deutschland sein.

Mit unserer Politik wollen wir beitragen zur Einheit aller fortschrittlichen Studenten im Kampf für die Verteidigung und Verbesserung ihrer sozialen und Studienbedingungen sowie zum Erhalt und Ausbau der politischen Rechte, insbesondere des allgemeinpolitischen Mandats. An den Hochschulen setzen wir uns darüber hinaus ein für die Einheit im Kampf für den Frieden, gegen Imperialismus und Faschismus, sowie gegen die Umweltzerstörung. Die Kommunistischen Studenten sind der Studentenverband der KPD. Indem wir die Einheit der Studenten auf antikapitalistischer Grundlage anstreben, unterstützen wir auch die Ziele der Arbeiter- und Gewerkschaftsbewegung sowie der Kommunistischen Partei. Nur in einem solchen Bündnis wird die fortschrittliche Studentenbewegung ihre hochschulspezifischen und allgemeinpolitischen Interessen durchsetzen können.

Alle Erfahrungen zeigen, daß sich dieser Kampf um unsere elementarsten Belange nicht im Gesetzes- und Verordnungsdschungel verstricken lassen darf und, wenn nötig, die bürokratischen Spielregeln ignorieren muß.

Die Kommunistischen Studenten treten entschieden allen Auffassungen entgegen, welche die an unseren Hochschulen gelehrte Wissenschaft als über den Klassen stehend begreifen. Mehr denn je gilt unter den Bedingungen des staatsmonopolistischen Kapitalismus der Satz von Marx und Engels aus der „Deutschen Ideologie“: „Die Klasse, die die Mittel zur materiellen Produktion zu ihrer Verfügung hat, disponiert damit zugleich über die Mittel zur geistigen Produktion, so daß ihr damit zugleich im Durchschnitt die Gedanken derer, denen die Mittel zur geistigen Produktion abgehen, unterworfen sind.“

Daraus leiten wir für uns nicht nur die Aufgabe ab, reaktionäre Wissenschaft fundiert zu kritisieren, sondern auch den Willen, als zukünftige Lehrer, Erzieher, Ärzte und Ingenieure an der Seite der Arbeiterklasse für die soziale und politische Befreiung zu kämpfen.

Die Kommunistischen Studenten fördern unter ihren Mitgliedern die wissenschaftiche Weltanschauung des Marixmus-Leninismus, und zwar stets mit Bezug auf tägliche politische Erfahrungen. Wir sind gegen alle Standesdünkel und Intellektualismus und bemühen uns, alle ideologischen und gefühlsmäßigen Schranken, die uns von der Arbeiterklasse und den anderen Werktätigen trennen, zu überwinden.

Mit den revolutionären und kommunistischen Studenten in aller Welt fühlen wir uns im Bewußtsein der gleichen Ziele verbunden.

2. MITGLIEDSCHAFT

Mitglied der Kommunistischen Studenten kann jeder werden, der in Westdeutschland oder Westberlin an einer Hochschule studiert, sofern er für die Ziele der Kommunistischen Studenten eintritt, ihr Statut anerkennt und regelmäßig seine Mitgliedsbeiträge entrichtet. Das Mitglied der Kommunistischen Studenten soll aktiv an der Arbeit der Kommunistischen Studenten teilnehmen und sich für ihre ständige Verbesserung einsetzen, sich nach seinen Möglichkeiten für die Interessen seiner Kommilitonen einsetzen, internationale Solidarität üben und praktische Unterstützung für alle politisch Verfolgten leisten.

3. DAS MITGLIED DER KOMMUNISTISCHEN STUDENTEN HAT DAS RECHT

- jederzeit frei seine Meinung zu äußern und seine Vorschläge zu unterbreiten; es hat das Recht, alle fragen der Politik der Kommunistischen Studenten in seiner Gruppe zu diskutieren;
- im Rahmen der Kommunistischen Studenten solidarisch Kritik an der Tätigkeit aller Mitglieder, Funktionäre und Organe der Kommunistischen Studenten, unabhängig von ihrer Stellung, zu üben;
- in die Organe der Kommunistischen Studenten zu wählen und gewählt zu werden;
- persönlich anwesend zu sein, wenn in seiner Organisation zu seinem Verhalten und zu seiner Tätigkeit Stellung genommen wird oder Beschlüsse gefaßt werden;
- sich mit jeder Frage und Kritik der Reihe nach an jede höhere Leitung der Kommunistischen Studenten zu wenden.

Dokument 6

Flugblatt des Kommunistischen Bundes (KB) Gruppe Göttingen vom 26.4.1986

Amerika führt Krieg
Wir sind die Komplizen

Dafür hat Kanzler Kohl vollstes Verständnis: Weil ein US-Soldat in Berlin durch eine Bombe starb, mußten mehr als hundert Menschen in den libyschen Städten Tripoli und Bengasi sterben. Strafe muß sein, sagt die ganze CDU/CSU. „Bomben auf Gaddafi/Rache für Berliner Disco-Opfer" feixt schadenfroh die BILD. Der Gedanke der „Verhältnismäßigkeit der Mittel" ist sowieso eine alberne Humanitätsduselei, die bloß dem effektiven Kampf gegen den Terrorismus im Wege steht, kommentiert die FAZ. Gerade in Deutschland muß man das verstehen: Als beispielsweise 1942 der Gestapo-Chef Heydrich in der besetzten Tschechoslowakei erschossen wurde, „liquidierten" deutsche Truppen als Rache alle Bewohner des Dorfes Lidice, das zufällig in der Nähe des Attentatorts lag. Im „Kampf gegen den Terrorismus" gilt spätestens seit Hitler die eiserne Faustregel, daß bei eigenen Racheaktionen die Opfer mindestens im Bereich 25 : 1, besser aber 100 : 1 und drüber liegen sollten, um „abschreckend" zu wirken.

Die SPD stellt sich kollektiv dumm und tut, als hätte sie überhaupt nichts verstanden. Zwar wird die amerikanische „Vergeltungsaktion", die sich Gaddafi natürlich „selbst zuzuschreiben" habe (Vogel), als „unannehmbar" kritisiert. Zugleich wird aber so getan, als ändere sich dadurch nichts an der „Freundschaft" zur US-Regierung und am unantastbaren Wert des NATO-Bündnisses. Man möchte schnellstens wieder zur Tagesordnung übergehen, zu den politischen, wirtschaftichen und militärischen deutsch-amerikanischen Gemeinsamkeiten. An der Abschlachtung von 100 Menschen, Arabern zudem, wird eine Partnerschaft nicht zerbrechen, die so fest gebaut und begründet ist wie diese.

Es gibt aber keinen Übergang zur Tagesordnung. Wer das absolut nicht verstehen will, kriegt es von der US-Regierung um die Ohren geschlagen: Die Bombardierung libyscher Städte sei nicht mehr als erst der „Anfang einer langen Schlacht gegen den internationalen Terrorismus“ gewesen, sagt Reagan. Dieser Kampf werde nicht enden, bis sich die „freien und anständigen Völker der Welt vereinigen, um die Geißel des Terrorismus“ zu vernichten. „Wann immer unsere Bürger auf direkten Befehl eines feindlichen Regimes mißhandelt oder angegriffen werden, gleich, an welchem Ort in dieser Welt, werden wir reagieren“, solange er, Reagan, Präsident sei. Und wohl auch nach Reagan, muß man hinzufügen, wenn man die Zustimmung sieht, die Reagans „Vergeltungsschlag“ in der US-amerikanischen Bevölkerung und Öffentlichkeit gefunden hat.

Macht man von Reagans Drohungen den Abzug, den man vernünftigerweise von den Reden eines solchen Menschen machen muß, so bleibt immer noch viel zuviel an ernstzunehmender Substanz übrig: Krieg ist angesagt. Ein Krieg, den die USA weltweit führen oder zukünftig führen wollen. Die mächtigste Militärmaschine der Welt steht dafür auf hunderten von Stützpunkten und an allen potentiellen „Krisenpunkten“ abrufbereit zur Verfügung. Gegner ist angeblich „der internationale Terrorismus“. Genauer gesagt: Nicht „terroristische“ Gruppen und Organisationen, denn die kann man nicht mit Flugzeugträgern, strategischen Bombern und Cruise Missiles bekämpfen. Der reale Gegner der Kriegserklärung sind Staaten wie Libyen, die angeblich „Terroristen“ ausbilden, sie beherbergen, sie materiell unterstützen, ihnen Aufträge erteilen und gelegentich selbst Anschläge durch direkte Agenten ausführen. Zu diesen Staaten gehören nach allgemeinem NATO-Konsens außer Libyen zumindest auch Syrien und der Iran. Die Liste läßt sich, ganz nach dem speziellen politischen Geschmack, erweitern auf beispielsweise Südjemen, Algerien, Nicaragua, Cuba, und als „Zentrum des internationalen Terrorismus“ natürlich die Sowjetunion.

Die BRD an der Seite der USA

Die gewünschte Ruhe, in der man sich bequem aus der eigenen Verantwortung herausstehlen kann, wird also nicht eintreten. Und hier stimmen CDU/CSU, SPD und FDP, ebenso wie insgesamt „Amerikaner“ und „Europäer“ weitestgehend überein: taktische Differenzen über anzuwendende Mittel sind Nebensache, der gemeinsame Kampf „gegen den internationalen Terrorismus“ ist die Hauptsache. Auf dieser Basis sei ein Konsens möglich, versichern sich die Bundestagsparteien (mit Ausnahme der Grünen) gegenseitig. Diese Chance zur Gemeinsamkeit in der Bekämpfung der „Geißel der Menschheit“, des „Krebsgeschwürs unserer Zeit“, will man nicht an zweitrangigen Meinungsverschiedenheiten scheitern lassen. Man müsse sich nun der eigentlichen interessanten Frage zuwenden, der „Bekämpfung des Terrorismus“, sagte Außenminister Genscher auch seinen amerikanischen Freunden in Washington. Da hat die BRD eine Bilanz, die sich sehen lassen kann: Wie Genscher sich dort bestätigen ließ, sei auf diesem Gebiet in „keinem Land die Zusammenarbeit mit den Amerikanern so gut wie in der Bundesrepublik. In dieser Hinsicht könne aber noch vieles verbessert werden.“ Das wird zweifellos geschehen. Die scheinheilige Unschuld, die sich in diesem Land bisher Bundesregierung und SPD-Opposition leisten konnten, sich bei Bedarf mehr oder weniger von konkreten Aktionen einer US-Politik zu distanzieren, deren wesentliche Inhalte sie real mittragen, wird dabei weiteren Schaden nehmen. Es ist, zumal in prinzipieller Kenntnis der geplanten US-„Vergeltungsaktionen“, propagandistischer Flankenschutz, wenn zum genau passenden Zeitpunkt je zwei libysche Diplomaten aus der BRD und Frankreich ausgewiesen werden. Es ist moralische Mittäterschaft, wenn Kanzler Kohl genau am Tag nach den US-Bombenangriffen auf Tripoli und Bengasi plötzlich behauptet, Libyen sei zweifelsfrei für den Bombenanschlag auf die Westberliner Disco verantwortlich. Es verdient besondere Aufmerksamkeit, wenn zwei Tage nach den Angriffen gezielt die Desinformation an die Presse gegeben wird, der Bundesregierung lägen „inzwischen“ auch „nachrichtendienstliche Hinweise“ vor, daß Libyen für mindestens zwei weitere Anschläge verantwortlich sei. Aus „Sicherheitskreisen in Frankfurt“ läßt man gar verlauten, „deutsche Quellen“ hätten der US-Regierung überhaupt erst das „entscheidende Material über die Rolle Libyens bei Terroranschlägen“ geliefert und somit für die Bombenangriffe gegen Libyen die Grundlage geschaffen. Das muß nicht wahr sein. Daß es wahr sein könnte, reicht vollkommen aus, um zu dokumentieren, daß sich die BRD angesichts des Massakers und der Verwüstungen in Tripoli und Bengasi nicht im Stande leicht distanzierter Unschuld befindet. Der Grund dafür ist keine „Vasallentreue“, wie rechte und linke Nationalisten bei allen solchen Gelegenheiten beschwören, sondern die häßliche, nackte Übereinstimmung materieller Interessen zwischen den Herren dieses Landes und ihren amerikanischen Partnern.

Raus aus der NATO!

Wenn Amerika Libyen bombardiert, wenn Großbritannien die Falkland-Inseln mit Militärgewalt „zurückerobert", ist die BRD per NATO-Bündnis mit von der Partie. Es ist ziemlich uninteressant und sollte niemandem zur Gewissensberuhigung dienen, daß es dabei (noch?) keine direkte militärische Mittäterschaft gibt und daß oberflächlich mehr oder weniger verbale Distanz zur Schau getragen wird. Denn so oder so stellt das NATO-Bündnis den militärischen Rahmen dar, in dem dessen einzelne Mitglieder relativ risikolos Sonder- und Gesamtinteressen mit kriegsmäßigen Mitteln verfechten können. Die USA hätten, beispielsweise, wohl kaum ihre gesamte Militärkraft jahrelang gegen Vietnam konzentrieren können, wenn sie sich nicht des stillschweigenden Flankenschutzes durch die europäischen NATO-Partner und andere Verbündete absolut sicher gewesen wären. Kriegführung, sogar gegen einen Gegner wie Libyen, ist stets ein „Spiel" mit dem Risiko. Militärbündnisse wie die NATO dienen dazu, dieses Risiko breit zu verteilen und damit relativ gering zu halten. Die Mitgliedschaft in der NATO setzt aber auf der anderen Seite die Bereitschaft voraus, im „Ernstfall" dieses Risiko breit zu verteilen und damit relativ gering zu halten. Die Mitgliedschaft in der NATO setzt aber auf der anderen Seite die Bereitschaft voraus, im „Ernstfall" dieses Risiko tatsächlich voll zu tragen. Niemand wird irgendwann sagen können: „Nein danke, lieber ohne uns, wir waren sowieso dagegen", wenn aus militärischen Aktionen einzelner Mitgliedsstaaten der NATO ein großer Krieg herauseskaliert. Die BRD ist das zentrale europäische Kettenglied der NATO, zudem weltweit das Land mit der größten Atomwaffendichte. Aus diesen Tatsachen ergäbe sich im Kriegsfall alles weitere.

Die Forderung nach Austritt aus der NATO ohne Wenn und Aber ist die logische, zwangsläufige Konsequenz aus diesen Tatsachen. Nicht nur deshalb, weil wir auf deutschem Boden keinen Krieg wollen, sondern auch deshalb, weil wir nicht länger schuldig sein wollen an Kriegen und Kriegsaktionen irgendwo in der Welt gegen Völker, deren Hauptschuld letzten Endes darin besteht, daß sie dem Imperialismus im Wege stehen. Die NATO macht uns keinen Nutzen, denn ein Land, das von niemandem bedroht wird, braucht weder eine eigene Armee noch einen Militärpakt. Die NATO schadet nur, uns und derzeit weit mehr noch anderen. Es gibt kein Argument gegen den Austritt, außer man legt Wert auf die sich aus der Mitgliedschaft ergebenden Konsequenzen. Der immer noch beliebte Einwand, man sei zwar auch gegen die NATO, dürfe daraus aber aus Opportunitätsgründen um Himmels willen keine zentrale Forderung machen, führt letztlich wieder einmal zur Mitverantwortung und Mitschuld an dem, was dann „im deutschen Namen" seitens der NATO oder einzelner NATO-Staaten unternommen wird. Es ist angesichts dessen, was in Libyen gerade geschehen ist und was mit allergrößter Wahrscheinlichkeit dort und anderswo weiterhin geschehen soll, als Argument völlig daneben, daß Zweidrittel oder Dreiviertel der Bundesbürger für die NATO sind. Am Charakter der NATO als Vereinigung zur kollektiven Führung imperialistischer Kriege ändert sich dadurch nichts. Ebenso würde ein AKW auch dann eine riesige Zeitbombe bleiben, wenn 90 % unserer Mitbürger Atomenergie für das höchste Glück auf Erden halten würden. Aus einem Kriegspakt wie der NATO kann es nur den Austritt geben. Wer lieber reformerische „Zwischenschritte" vorschlagen möchte, landet in der Sackgasse. In einem Militärpakt kann man, jedenfalls gilt das für einen potentiellen Frontstaat wie die BRD, nicht „nur ein bißchen" Mitglied sein. Man ist dabei, dann aber auch mit vollem Risiko und voller Mitverantwortung für alle Folgen (auch die „eigentlich nicht gewollten"), oder man ist nicht dabei. Daß ein Austritt (samt Abzug aller US-Truppen aus der BRD) unrealistisch sei und daß „die Amerikaner das sowieso nicht zulassen würden", ist nur eine dumme Ausrede, deren Grundmuster nach den Jahren 1933 – 45 eigentlich gerade in diesem Land total diskredidiert sein sollte. Es ist, zuguterletzt, offenbar auch nicht so, daß die Friedensbewegung mit konjunkturbedingten Einzelforderungen (Weg mit den Raketen, Weg mit SDI usw.) besser zu Erfolgen kommt, wenn sie auf die Forderung nach Austritt aus der NATO verzichtet. Im Gegenteil scheint es so zu sein, daß man gegen Rüstungsbeschlüsse und Rüstungsmaßnahmen, die im Rahmen der NATO zustande gekommen sind und letztlich auch nur im NATO-Rahmen ihre strategische Funktion haben, gar nichts ausrichtet, solange man die NATO-Mitgliedschaft der BRD nicht offen angreift. Um diesen Kampf zweckmäßig führen zu können, muß man allerdings auch erkennen, daß die Herren dieses Landes, vertreten durch CDU/CSU, FDP und die immer noch maßgeblichen Kräfte der SPD, nicht aufgrund irgendeiner „Vasallentreue", wegen eines angeblichen Defizits an staatlicher Souveränität oder wegen masochistischer Triebe sich an die USA und die NATO klammern, sondern aufgrund gemeinsamer imperialistischer Interessen. Parolen und Argumentationslinien, die dem Nationalismus Raum geben oder gar scheinbar listig auf diesen spekulieren, richten nur Schaden an.

Dokument 7

Plattform der „Arbeitsgemeinschaft für revolutionäre Hochschulpolitik", veröffentlicht im „Arbeiterkampf" Nr. 230 vom 7.2.83

Blickt man auf das vergangene Jahrzehnt zurück, so wird niemand bezweifeln, daß die Kämpfe der Studentenbewegung an den Hochschulen maßgeblich zum Erscheinungsbild und zu den grundlegenden politischen Entwicklungen dieser Zeit beigetragen haben. Hier wurden Kämpfe mit außerordentlicher Wucht und Beteiligung geführt: kaum ein Akt der Hochschulgesetzgebung und -reform, welcher nicht von solchen Kämpfen begleitet gewesen wäre. Hier haben Studenten unterschiedlicher politischer Grundanschauungen – Kommunisten, Demokraten, Sozialisten, Spontaneisten, es ist unmöglich, die Gesamtheit politischer Richtungen auch nur aufzuzählen – von der Zielsetzung her gemeinsam gegen die Reaktion gewirkt. Trotz heftigen Ringens der politischen Richtungen miteinander ist es eine Tatsache, daß der Einsatz aller Beteiligten groß war und jede Richtung, die diese Kämpfe unterstützt hat, dabei auch Opfer brachte.

Obwohl es im Lauf der Studentenbewegung gelungen ist, die Organe der Verfassten Studentenschaften den offenen Reaktionären zu entreißen, ist dennoch unverkennbar: es ist in diesen Kämpfen nicht gelungen, den Prozeß der Formierung der Reaktion, der gesetzlichen Festschreibung und Ausfeilung sämtlicher Unterdrükkungsverhältnisse, der Verschärfung der prüfungsmäßigen und sozialen Selektion, der Auszehrung jeglicher Unterhaltspflichten des bürgerlichen Staates gegenüber den in Hochschulausbildung Befindlichen, des Ausbaus der professoralen Machtbefugnisse und der Reorganisierung der verbindungsstudentischen und der unionsgesteuerten Studentenverbände wirksam zu durchbrechen. Es ist auch nicht gelungen, den Prozeß der Formierung der Reaktion, der gesetzlichen Festschreibung und Ausfeilung sämtlicher Unterdrückungsverhältnisse, der Verschärfung der prüfungsmäßigen und sozialen Selektion, der Auszehrung jeglicher Unterhaltspflichten des bürgerlichen Staates gegenüber den in Hochschulausbildung Befindlichen, des Ausbaus der professoralen Machtbefugnisse und der Reorganisierung der verbindungsstudentischen und der unionsgesteuerten Studentenverbände wirksam zu durchbrechen. Es ist auch nicht gelungen, die Verfasste

Studentenschaft so zu stärken und schlagkräftige Organe der Studenten derart aufzubauen, daß es heute leichter wäre, der Unionsregierung den Weg zu verlegen, wenn sie z. B. das BAFÖG vollständig beseitigt, insoweit es eine Leistungsverpflichtung darstellt. Im Gegenteil: Der Staat geht zur Liquidierung der VDS über.

Wir konnten nur zu oft beobachten, wie politisch aktive Studenten aus den zahlreichen Niederlagen an der Hochschule die Konsequenz gezogen haben, auf anderen Feldern als an der Hochschule – etwa im Kampf gegen Kernkraftwerke, in Häuserbesetzungen, zu versuchen, der Reaktion Paroli zu bieten. Zugleich sind die Grünen und Alternativen in diesen Kämpfen gebildet worden. Ihr offenkundiger Zweck ist die Artikulierung der in solchen Kämpfen erhobenen Forderungen, und es ist ihnen gelungen, sich hierfür eine Position in den bürgerlichen Parlamenten zu erkämpfen. Der Zweck der Bildung der Grünen und Alternativen ist nicht die Beseitigung des kapitalistischen Privateigentums und die Ablösung des Kapitalismus durch den Sozialismus. Man kann und soll ihnen dieses Ziel auch nicht aufnötigen. Trotz des Fehlens revolutionärer Ziele hat diese Blockbildung positive Bedeutung für den Kampf gegen die Reaktion. Nur wäre es ein fataler Fehler, aus diesem Grunde auf die selbständige Propagierung revolutionärer Ziele zu verzichten oder zu glauben, diese Aufgabe könne irgendjemand jenen Studenten abnehmen, die sich bewußt zu revolutionären Zielen bekennen.

Durch das Erringen parlamentarischer Positionen allein kann der politische und ideologische Vormarsch der Reaktion nicht in Schranken gewiesen oder zurückgeworfen werden. Wir halten den außerparlamentarischen Kampf für entscheidend. Alle fortschrittlichen Kräfte, alle Bewegungen, die nicht die Interessen der Bourgeoisie verfolgen, stellen sich – und nicht erst seit heute – die Aufgabe, zur Organisierung des Kampfes gegen die Reaktion beizutragen, sicher durchaus auf verschiedene Weisen. Auch wir stellen uns dieser Aufgabe und suchen aus diesem Grund uns zu diesem Zweck die Zusammenarbeit in den Vertretungen der Studenten, in den Fachschaften, Allgemeinen Studentenausschüssen und den VDS, mit allen politischen Kräften, die diesen Kampf wollen.

Wir unterstützen es, wenn Studenten den Kampf gegen die Verschlechterung ihrer materiellen Lage, gegen die völlige Beseitigung der Unterhaltszahlungen durch den Staat oder gegen Studiengebühren führen. Wir unterstützen es, wenn der Kampf gegen verschärfte Selektion durch verschlechterte Studienbedingungen, durch verschärfte Prüfungsordnungen oder gegen die Streichung von Stellen geführt wird. Wir unterstützen die Auflehnung zahlreicher Studenten und auch anderer Hochschulangehöriger gegen die Reglementierung von Lehrinhalten, gegen die Einschnürung allen wissenschaftlichen Arbeitens in die Zwangsjacke „freiheitlich-demokratischer Grundwerte" und der „freiheitlich-demokratischen Grundordnung", die immer mehr ins Zentrum aller bildungspolitischen Vorstöße der Reaktion rücken. Wir unterstützen den Kampf für politische Freiheiten, für Anerkennung der Vertretungskörperschaften der Studenten und ihrer Souveränität gegenüber den Organen der Hochschulverwaltung, den Kampf gegen Kriminalisierung, gegen politische Disziplinierung.

Wir unterstützen diese Kämpfe, weil und insofern sie der Wahrung der Interessen der großen Mehrzahl der Studenten gegen die Reaktion dienen und sich gegen die Bevormundung durch den bürgerlichen Staat und gegen das Schmieden einer Opfergemeinschaft mit der Kapitalistenklasse richten. Dabei kennt unsere Unterstützung ebenso wie unsere Bereitschaft zum Zusammenwirken mit anderen Organisationen keinen anderen Vorbehalt als den, daß wir entschiedene Gegner von Forderungen sind, die geeignet sind, der Arbeiterklasse im Kampf um ihre soziale Selbstbefreiung, ihre Emanzipation, den Weg zu verstellen und daraus keinen Hehl zu machen.

Dabei lassen wir uns von Grundsätzen leiten, die wesentlich beinhalten:

- daß die Sozialisten in unversöhnlichem Gegensatz zum bürgerlichen Staat stehen,
- daß dieser bürgerliche Staatsapparat in einer sozialistischen Revolution gewaltsam zerschlagen wird und durch rätedemokratische Strukturen, die in sich bereits den ersten Schritt zu ihrem eigenen völligen Absterben als Herrschaftsform beinhalten, abgelöst werden muß,
- daß eine Verteidigung des imperialistischen „Vaterlandes" absolut abgelehnt werden muß,

- daß die Organisierung der Revolutionäre als vorantreibende Kraft in den politischen und sozialen Bewegungen notwendig ist,
- daß die Revolutionäre sich dabei auf die Arbeiterklasse als Hauptträgerin des revolutionären Prozesses orientieren.

Diese Grundsätze verstehen wir dabei nicht als abschließende Quintessenz revolutionärer Theorie. Wir formulieren sie vielmehr, weil sie notwendig sind und ausreichen, herauszustellen, was uns von solchen politischen Richtungen grundsätzlich unterscheidet, die z. B. auf eine Reform innerhalb des parlamentarischen Systems setzen oder gemeinsame Rüstungsanstrengungen mit der herrschenden Klasse nicht ausschließen. Wir halten etwa auch nichts davon, wenn der geläufigen Vorstellung, der Arbeiterklasse sei doch das eine oder ander Opfer z. B. beim Lohn durchaus zuzumuten, nicht entschieden entgegengetreten wird. Insbesondere sind wir entschlossen, alle jene Kräfte entschieden zu bekämpfen, die solchen Zumutungen im „gemeinsamen Interesse der Nation" an die Arbeiterklasse richten, wie es etwa die Bundesregierung tut, und der Verbreitung von Chauvinismus und groß-deutschem Nationalismus entgegenzuwirken.

Gegenwärtig arbeiten verschiedene Kräfte in verschiedenen Organisationen mit solchen grundsätzlichen gleichen Zielen und es gibt auch außerhalb bestehender Organisationen Studenten, die ein Interesse daran haben, mit solchen Zielen organisierte Politik gegen die Reaktion zu machen. Wir halten es deshalb für erforderlich und möglich, einen Rahmen zu schaffen, in dem diese Kräfte planmäßig in Diskussion und Praxis zusammenwirken können. Dabei verstehen wir diese Grundsätze zugleich auch als Aufgabenstellung an unsere Arbeitsgemeinschaft, an ihnen zu arbeiten, die Diskussion darüber in den eigenen Reihen wie aber auch in der Hochschulöffentlichkeit voranzubringen, das Gespräch womöglich auch Verständigung mit weiteren Organisationen und Gruppen hierüber zu suchen.

Wir erachten es als eine entscheidende Aufgabe der Arbeitsgemeinschaft, die wir bilden, die Tauglichkeit solcher Grundsätze zur Kritik reaktionärer Wissenschaften und zur Kritik des reaktionären Formierungsprozesses, der durch den Typus grundwerteschwitzender Wissenschaft befördert wird, zu erproben und zu erweisen.

Wir bilden aber nicht diese Arbeitsgemeinschaft, um solche Grundsätze neben oder über den Bewegungen der Studenten zu deklamieren. Vielmehr ist es für uns klar, daß die theoretische Kritik der Herrschaft der Kapitalistenklasse nicht dort enden darf, wo Studenten selbst im Kampf gegen reaktionäre Maßnahmen die Wirkung dieser Herrschaft kritisieren und sich ihr entgegenstellen, daß es auch von großer Wichtigkeit ist, an diesen Kämpfen teilzunehmen und solche, wo zweckmäßig und erforderlich zu organisieren und initiieren. Die Arbeitsgemeinschaft sieht es weiterhin als ihre Aufgabe, dahingehend zu wirken, daß Kämpfe der Arbeiterbewegung und anderer fortschrittlicher Bewegungen außerhalb der Hochschule an den Hochschulen unterstützt werden.

Nur wenn sich die revolutionären Studenten diesen Aufgaben stellen, können sie damit rechen, daß ihre radikale Kritik am bestehenden Gesellschaftssystem und der Kampf der Arbeiterklasse für ihre Befreiung neue Anhänger unter den Studenten findet.

(Verabschiedet am 19.12.1982 in Weinheim von 78 Anwesenden bei einer Gegenstimme und zwei Enthaltungen.)

Dokument 8

„Marxistische Zeitung" vom 1.6.83

Die „Deutsche Frage" und ihre Lösung

Die Bundesrepublik Deutschland begeht als Nationalfeiertag am 17. Juni den Anspruch auf fremdes Territorium. Die im Bundestag zum Gedenkakt versammelten Repräsentanten eines deutsches Staates ohne den ihm zustehenden Raum wollen mit ihrem Bekenntnis zur Einheit mit Teilen der VR Polen, der UdSSR und der ganzen DDR Einheit stiften bei denen, in deren Namen es proklamiert wird. Ein Arbeiteraufstand in Ostberlin dient als Kronzeuge für gelungene Ausbeutung & Herrschaft in der BRD. Dem arbeitenden Volk hier werden an Aufständischen drüben jene Ideale vorgeführt, für die es sich nur auf dem Boden der freiheitlich-demokratischen Grundordnung lohnen soll, zu schuften und zu parieren.

Die Deutsche Demokratische Republik mit „Zonengrenze" ist folglich für einen bundesdeutschen Bürger durch ihre bloße Existenz eine Zumutung, während die ihm von seiner Obrigkeit servierten Zumutungen weiterhin unbegrenzt bleiben. 6 Mio. „BILD"-Leser dürfen die Tage seit „Errichtung der Mauer in Berlin" akribischer nachzählen als die Prozente, die ihnen jährlich vom Lohn abgehen. Und in Bonn werden Lohn, Gehalt & Rente zum Reichtum deklariert, aus dem der Staat die Mittel für seine (Wehr-)Macht flüssig macht; dafür gibt's einen wieder „mit Leben erfüllten" Anspruch auf ein Deutschland in den Grenzen von 1937. Nicht als Revanchismus von Vertriebenenverbänden, wie er früher in dieser famosen Bundesrepublik Sonntag für Sonntag eingefordert worden ist. Ein paar Grenzkorrekturen, um Schlesiern, Ostpreußen und auch noch Sudetendeutschen den „Rechtsanspruch" auf eine „Heimat" zu verwirklichen – so vergleichsweise bescheiden tritt der BRD-Imperialismus '83 nicht auf. Als NATO-Frontstaat hält er die „Deutsche Frage" offen für eine „gesamteuropäische Friedensregelung". Nach dem Weltkrieg Nr. 3 wird es also nicht um eine Korrektur der Resultate des Zweiten gehen: Als deutscher „Rechtsanspruch" begründen sie jetzt schon die BRD-Optionen auf eine europäische Führungsmacht in der nächsten Nachkriegswelt.

Dokument 9

Die Deutschen brauchen die BUNDESWEHR

Es wird immer klarer wozu!

„Nie wieder" wollten die Gründungsväter der Bundesrepublik dem Nachwuchs der Nation ein Kriegswerkzeug in die Hände drücken.

Dafür haben die Deutschen es mittlerweile herrlich weit gebracht. Haben wir nicht wieder den besten Panzer der Welt? Beneidet uns nicht jeder anständige Haudegen um die Glattrohrkanone von Rheinmetall? Und der Tornado: Hat nicht genau so ein Wunderengel der Luftwaffe einst gefehlt – bei der „Luftschlacht um England" zum Beispiel?

Hand aufs Herz: Stolz können wir wieder sein, wir Deutschen (West!), auf unsere Jungs und unser Gerät. Da steckt man doch die eineinhalb Jahre Drill plus Stumpfsinn weg wie nichts. Da gönnt man doch der Jugend von Herzen eine kleine Wehrdienstverlängerung – lungern ja sonst doch bloß in der Arbeitslosenstatistik herum. Da leistet man doch gerne den Verzicht, den Vater Staat per Steuern, Abgabenerhöhungen und Leistungssenkungen seinen Bürgern sowieso aufs Auge drückt.

Keine Frage: Der schwarz-rot-goldene Mensch braucht eine starke Bundeswehr. Er hat sie auch und kann stolz darauf sein.

Darf man trotzdem mal ohne Parteilichkeit fragen: wozu eigentlich?!

Kein Militär ohne nationale Kriegskalkulationen

Lassen wir mal die offiziellen ideologischen Phrasen von wegen „Verteidigung der Heimat" und „Schutz, wenn der Feind kommt" beiseite. Über solche Sprachregelungen verfügt noch jeder Militarist, wenn's ihm aufs Verharmlosen ankommt. Objektiv besehen lösen sie sich sowieso alle in Umschreibungen des alten, immergleichen Hauptzwecks auf: Die Nation will wehrhaft sein, erfolgreich aufmischen können; sie will alle die Kriege gewinnen können, mit denen ihre Führung kalkuliert.

Und was das betrifft, besteht kein Mangel hierzulande. Die Verantwortlichen in Bonn können sich allerhand Dinge vorstellen, die eine deutsche Wehrmacht zu erledigen hätte. Davon reden sie immer, wenn sie die Notwendigkeit des Friedens beschwören. Irgendein „aber“ ist allemal dabei!

– Wie steht's denn, beispielsweise, mit Schlesien? Sicher, um die Eroberungsphantasien eines Nachwuchsmannes christlich-demokratischer „Vertriebenen“-Politik haben die regierenden Politiker ein lautstarkes Richtigstellungstheater aufgeführt.

Aber wenn sie selber ihren andauernden Beteuerungen, die deutsche Heimat sei an Oder und Neiße nie und nimmer zu Ende, immer ein „aber“ hinterherschicken: „aber nur ohne Gewalt“ – was ist ihnen denn dann vorher eingefallen? Dann müssen sie doch selber gemerkt haben, daß diese Sorte Heimatliebe eigentlich, wörtlich genommen, ein gar nicht zimperliches Kriegsprogramm einschließt – warum sonst das stereotype Dementi hintennach?! Und das ist ja auch nie einfach das letzte Wort. Ebenso oft wird das „aber“ andersrum angebracht: „Nie wieder Krieg – aber Schlesien bleibt unser(e Zukunft in einem Europa ... usw.)!“

Vor welchem Mißverständnis haben sie denn da schon wieder Angst, die guten Deutschen in Bonn, wenn sie mal ihre Friedfertigkeit beteuern? Die Botschaft jedenfalls ist klar genug: Der Verzicht auf Krieg macht keinen einzigen Kriegsgrund hinfällig. Womit wird da also immerzu kalkuliert, wovon einstweilen Abstand genommen?!

– „Der Weltfrieden“ ist auch so ein Kapitel. Darf die BRD den überhaupt sich selbst überlassen? Nein, sie darf nicht; es paßt einfach nicht zu einem „ökonomischen Riesen“, „politisch ein Zwerg“ zu sein. Einmischung ist gefragt. Und wie mischt man sich ein in all die Affären, die „den Weltfrieden bedrohen“, wenn nicht mit Waffen? Wie soll man Frieden stiften, ohne die Lage mit eigenen Gewaltmitteln unter Kontrolle zu halten? Die Ausstattung von „Freunden“ mit deutschem Gerät ist da eine wohlerprobte Methode. Sie ist zwar noch längst nicht das letzte und beste Mittel. Sie verrät aber schon einiges über die Sympathien, mit denen die Bundesregierung die Kriegskalkulationen und -aktionen anderer Staatsführer verfolgt, nicht bloß die von so netten Partnern wie Israel, Republik Südafrika, Großbritannien und den USA selbst. Die Wege des deutschen Waffenhandels geben Aufschluß darüber, wo überall die politischen Chefs der Bundeswehr militärische Gewaltanwendung und Gemetzel für durchaus verständlich und angebracht halten. Wenigstens in Gestalt von Ratgebern und Ausbildern ist die deutsche Wehrmacht auch schon häufiger mit dabei.

– Und dann überhaupt: der Krieg – der, über dessen vorläufiges Ausbleiben deutsche Politiker sich gar nicht demonstrativ genug wundern und freuen können. Weil sie diesen Krieg nämlich gar nicht energisch genug planen und vorbereiten können. Es geht um den „Frieden in Europa", der nur sicher sein soll, wenn einzig und allein eine Seite in der Lage ist, ihn mit Aussicht auf Erfolg zu kündigen: die eigene. Den Russen Panzerschlachten liefern: mit diesem „Kriegsszenario" rechnen die bundesdeutschen Militärpolitiker seit es die Bundeswehr gibt. Weltkrieg Nr. 2, Abteilung Ost, nur viel besser und erfolgreicher: Das können sich die Bonner Verteidigungsexperten nicht bloß locker vorstellen – genau darum kümmern sie sich ununterbrochen mit jährlich wachsenden Milliardenbeträgen.

Wenn Politiker dauernd von Frieden und Friedenssicherung reden, drücken sie aus, welche Kriegsgründe ihnen geläufig sind. Es sind die Ansprüche ihrer Nation.

Die Bundeswehr:
Eine Armee, die ihre Kriegstradition noch vor sich hat.

Sicher: Noch keinen dieser Kriege hat die Bundeswehr bislang geführt. Ihre schönen Panzerheere haben den „eisernen Vorhang" noch nicht „durchlässig" gemacht; noch nicht dafür gesorgt, daß „die Grenzen in Europa das Trennende verlieren", wie Kanzler und Bundespräsident es immer so höflich ausdrücken. Und das Ordnung-Schaffen in entfernteren Regionen haben wir bislang mehr den „Eingreiftruppen" unserer besten Verbündeten überlassen, den Elite-Killern aus den USA, Frankreich und Großbritannien.

So gesehen hat sie überhaupt noch nichts geleistet unsere Bundeswehr – und es gibt viele Befehlshaber in unserer friedfertigen Republik (und, mal ehrlich, ganz viele mündige Bürger!), denen das fast ein bißchen peinlich ist. „Wo bleibt denn da die Tradition?" fragen sich alle, die sich für den „Geist der Truppe" verantwortlich fühlen, bis hinauf zum Verteidigungsminister. Eine Armee braucht ganz einfach leibhaftige Vorbilder – in der Kunst nämlich, beim Töten und Sterben im Staatsdienst Haltung zu bewahren. Das sind die „soldatischen Tugenden“ – und nicht solche unverbesserlich zivilen Mutproben wie das Löschen von Waldbränden oder ein Not-Transport von Lebensmitteln in die Sahara. Mit blitzblanken Waffen kann sie prunken, unsere Bundeswehr; aber mit keinem Sieg darf sie angeben, für keine Niederlage Revanche schwören.

An der bundesdeutschen Armee selbst liegt das sicher nicht. Weder fehlt es der an Waffen, noch ist sie von zivilem Geist „verseucht“. Wenn noch kein „richtiger“ Einsatz auf der Tagesordnung der Bundeswehr gestanden hat, dann sind die befehlshabenden Politiker der BRD erst recht nicht schuld daran. Daß die es mit den Aufgaben der Weltpolitik, mit der erforderlichen Gewalt und den großen und kleinen Feindschaften nicht ernst gemeint hätten, das kann man, von Adenauer bis Genscher und von Helmut Schmidt bis Helmut Kohl, keinem von ihnen vorwerfen.

Eher verhält es sich genau umgekehrt. Deutsche Weltpolitik kalkuliert immer gleich mit dem ganz großen Gegensatz, mit dem Ernstfall überhaupt, der für die BRD alleine im Grunde eine ganze Nummer zu groß ist: der Feindschaft des Westens gegen die Sowjetunion und deren „Ostblock“. Für sie kommt immer und überall zuerst das Bündnis: das mit den USA, die NATO, die gleich auch noch alle übrigen wichtigen Nationen Westeuropas mit umfaßt und gegen die „Bedrohung“ von drüben zusammenschließt. Wo immer bundesdeutsche Führer auftreten in der Weltpolitik, da wollen sie als Teil der Weltmacht antreten, die die USA mit ihren Verbündeten gegen das „sozialistische Lager“ in Stellung bringt.

Dementsprechend sind die militärischen Aufgaben der BRD festgelegt: als Teilaufgabe in einem Weltkrieg – drunter tut es die Bundeswehr nicht. Dieser „Ernstfall“ ist noch nicht ausgerufen worden. Das ist schon der ganze Grund für den Mangel an vorzeigbaren militärischen Einsätzen der bundesdeutschen Wehrmacht.

Die Bundeswehr will kriegsbereit sein, um den Krieg zu verhindern. Dann ist es doch nur logisch, daß sie den Krieg auch führen will – natürlich „nur“, um dem Feind ihren Frieden aufzuzwingen.

Einsatzzweck: Weltkrieg –
Die Lüge von der harmlosen „Friedensarmee“

Die Bundeswehr ist – einstweilen – nur für den Einsatz im Weltkrieg gegen die Sowjetunion vorgesehen. Und es versteht sich von vornherein von selbst: Dieser Krieg ist keine rein bundesdeutsche Sache, kann und soll es auch gar nicht sein.

Er umfaßt vor allem strategische Abteilungen, für deren Abwicklung die Bundeswehr gar nicht eingeplant, also auch nicht ausgerüstet ist. Der Atomkrieg steht ihr nicht zu Gebote; sogar ihre taktischen Atomwaffen unterstehen amerikanischem Einsatzbefehl. Die Bundeswehr hat „bloß“ an der „konventionellen“ zentraleuropäischen Front standzuhalten, also zu siegen; so will es die „Arbeitsteilung“ im Bündnis.

Dieses „bloß“ hat zu verschiedenen Ideologien über die bundesdeutsche Militärpolitik Anlaß gegeben.

Die hauptsächliche Staatsideologie der BRD in dieser Frage lautet: Die Nation – unschuldig; ihre Wehrmacht – harmlos. Der Krieg, für den sie rüstet, liegt ja gar nicht in ihrer Macht; „also“ können die Macher in Bonn auf alle Fälle nichts dafür. Den Krieg, zu dem sie im Ernstfall antreten muß, kann sie gar nicht allein bewältigen; „also“ braucht sich vor der Bundeswehr niemand extra zu fürchten.

Bei dieser ehrwürdigen nationalen Friedensideologie fällt die Hauptsache allerdings ein bißchen unter den Tisch. Die Aufgabe nämlich, die der BRD und ihren 3 Millionen mobilisierbaren Soldaten im Rahmen der NATO zufällt. Immerhin stellt sie unterhalb der atomaren „Ebene“ die militärische Sicherheit der Sowjetunion und ihrer Verbündeten in Europa kräftig in Frage; dazu ist sie da, und das leistet sie auch – mit Gerätschaften, die inzwischen manches atomare Arsenal gleichwertig ersetzen. Diese Bedrohung wird keineswegs dadurch irgendwie harmlos, daß der Atomkrieg jedes Ergebnis eines „konventionellen“ Krieges zunichte machen kann. Umgekehrt wird es richtiger: Mit der Bundeswehr will die NATO schon im Rahmen „konventioneller“ Kriegführung so überlegen sein, daß die andere Seite das Risiko eines Atomkriegs eingehen muß, um einen westlichen Sieg zunichte zu machen. Der Wille des Westens, den sowjetischen Feind bei Bedarf mit militärischer Gewalt zu „Wohlverhalten", Rückzug und ein bißchen Kapitulation zwingen zu können, wäre noch gar nicht vollständig ohne die „Option" auf siegreiche Luft- und Panzerschlachten in Mitteleuropa. Dafür steht die Bundeswehr ein – sie macht also die Gefährdung der Sowjetunion erst so richtig wirksam; so, daß damit schon heute politisch gedroht werden kann. Wie bösartig diese Drohung ist, das kann jeder, der es an der Bundeswehr selbst nicht wahrhaben will, an den sowjetischen Gegenmaßnahmen bemerken. Ihre SS-20-Raketen hat die Sowjetunion sich auch als Sicherheitsgarantie gegen die Streitmacht der NATO auf westeuropäischem Boden hingestellt.

Daß diese und ähnliche sowjetische Gegendrohungen für die Bundesrepublik und ihre Wehrmacht um einiges zu groß sind, haben patriotische Gemüter schon lange gemerkt. Sie haben sich darauf ihren abweichenden ideologischen Vers gemacht, ohne von dem Glauben an die Unschuld der Nation und die Harmlosigkeit ihres Militärs abzulassen.

Sie fürchten um das Vaterland und seine niedliche Bundeswehr, wenn andere auf deutschem Boden ihren Krieg austragen: den Atomkrieg, den die Bundesrepublik weder erklären noch unter Kontrolle halten kann. Die „Arbeitsteilung" im westlichen Atomkriegsbündnis läßt da die BRD nicht bloß als wahres Unschuldslamm erscheinen, sondern gleich auch noch als unschuldiges Opfer.

Diese Ideologie übersieht vornehm die großen und erfolgreichen Anstrengungen, die alle Bonner Regierungen unternommen haben, um vom unmaßgeblichen zum maßgeblichen Mit-Veranstalter der gesamtwestlichen Feindschaft und Drohung gegen den sowjetischen Gegner aufzusteigen. „Wie soll das NATO-Bündnis seinen Krieg gegen den Ostblock planen?" Mit dieser Frage haben die westdeutschen Militärpolitiker nie lockergelassen. Denn sie wollten gegen alle anderen Kalkulationen, die bundesdeutsche Antwort durchsetzen: Der Krieg soll gar nicht erst auf bundesdeutscher Heimaterde stattfinden, sondern gleich im Land, am besten im Hinterland des Gegners. Die Bundeswehr wollte nicht bloß der „Stolperdraht" sein, der den strategischen Gegenschlag auslöst, sondern gleich ganz „vorne verteidigen", am besten „vorwärts" in die Truppen und Aufmarschräume des Feindes hinein. So „bescheiden" haben die Bonner Strategen das NATO-Anliegen ins Bundesdeutsche übersetzt, und die NATO hat sich gerne auf diese bundesdeutsche Eigeninitiative eingelassen. Das haben die Bonner Regierungen selbstverständlich nicht durch schöne Reden erreicht. Ihr überzeugendes „Argument" bestand und besteht in einer Aufrüstung der Bundeswehr, die auf (Gegen-)Angriff ohne Raum und Zeitverlust ausgerichtet ist. So hat die BRD praktisch die „Gefahr" „bewältigt", zum bloßen Werkzeug und Opfer des Krieges zu werden, dem sie ihre gesamte Militärmacht verschrieben hat; durch militärpolitische Scharfmacherei.

Den bislang größten Erfolg in dieser Politik haben noch die Sozialliberalen in die Wege geleitet. Sie haben sich amerikanische Atomraketen nach Westeuropa bestellt, die die „konventionelle" Verunsicherung der Sowjetunion durch eine strategische Vernichtungsdrohung vom eigenen Boden aus ergänzen: die eurostrategischen Pershing II und Cruise Missiles. Diese Dinger ersetzen nicht den ganz großen Atomkrieg – sie sichern den „konventionellen" Krieg in Europa, machen die Drohung damit ein gutes Stück glaubwürdiger.

Die alte Ideologie von der BRD als armem Opfer des geplanten Krieges ist darüber dennoch nicht zugrunde gegangen. Ausgerechnet eine landesweite „Friedensbewegung" hat sie wiederentdeckt und neu aufgewärmt – ausgerechnet bei der Stationierung dieser Hämmer. Sie hat noch einmal die patriotischen Bedenken vorgebracht, über die die vaterländische Aufrüstung längst hinweggegangen ist und die nun endgültig überwunden werden. Nach den Pershing II kommt die „Strategische Verteidigungs-Initiative" des US-Präsidenten Reagan: das Programm, Abfangwaffen gegen sowjetische Atomraketen zu erfinden. Diese Abwehrwaffe soll auch nicht gerade den amerikanischen Steuerzahler vor Schaden bewahren. Sie soll der militärischen Bedrohung der Sowjetunion durch den Westen die Härte und letzte Glaubwürdigkeit geben, die ihr beim derzeitigen Stand der Atomkriegsvorbereitung noch fehlt. Klar: Da ist die BRD gleich wieder ganz vorne mit dabei. Neue Chancen tun sich auf, den Krieg, für den man rüstet, noch besser in den deutschen Griff zu kriegen – so sieht man es in Bonn. Noch ist der atomare Krieg zu gewaltig; aber muß es dabei bleiben? Am politischen Willen fehlt es der BRD jedenfalls nicht: am Willen, sogar noch die „Tücken“ des strategischen Atomkriegs zu meistern. Daß es mit deutscher Ingenieurskunst – vielleicht – auch geht, sollte die ungemein zivile Weltraummission „D 1“ aller Welt und vor allem den amerikanischen Freunden demonstrieren ...

Unschuldig? Harmlos? Aufs Nicht-Kriegführen abonniert? Von wegen! Wo die Kriegskalkulation des Bündnisses und das nationale Eigeninteresse der BRD sich nicht – noch nicht – problemlos dekken, da gibt es für die bundesdeutsche Politik nur eins: den entschlossenen Marsch nach vorn; so viel Aufrüstung, daß die Nation sogar dem Weltkrieg gewachsen ist, den die gesamte westliche Welt gemeinsam plant.

Die Ideologie von der nationalen Unerträglichkeit des Krieges in dessen Dienst die BRD ihre gesamte Wehrmacht gestellt hat, soll derweil ruhig weiter geglaubt werden. Vom eigenen Volk, das ja offenbar nichts dabei findet, trotzdem immer mehr für die Aufrüstung zu leisten. Möglichst auch vom sowjetischen Feind, der immer noch darauf setzt, die NATO-Partner mit Appellen an ihre nationalen Sonderinteressen auseinanderzudividieren und ihre gemeinsame Drohung abschwächen zu können. Das Rüsten geht unterdessen hemmungslos weiter!

Die Bundeswehr soll einen begrenzten NATO-Auftrag erfüllen: Die Westfront der Sowjetunion aufrollen. Sie will erreichen, daß sich der Krieg auf dem „Schlachtfeld Europa“ für Deutschland lohnt. Die Lösung heißt: Unbegrenzt aufrüsten für einen deutschen Teilsieg in Mitteleuropa.

NATO-Vasall BRD: Mächtiger, als die Bundeswehr erlaubt

Wozu also braucht, wofür hat der schwarz-rot-goldene Mensch eine starke und immer stärkere Bundeswehr?

Mit dieser Wehrmacht und ihrer Ausgestaltung zur stärksten „konventionellen“ Streitmacht der NATO ist festgelegt, wo ein Bundesdeutscher in der Weltpolitik hingehört. Ins „westliche Lager“ nämlich, das die Bekämpfung der Sowjetunion und ihrer Macht – vornehm: den „Ost-West-Gegensatz“ – zur Grund-„Frage“, also zum obersten Gesetz der demokratischen Weltordnung macht. Und dort in die Position eines führenden Scharfmachers. Daran hat alles Getue um einen „mäßigenden Einfluß“ der westdeutschen Weltpolitiker von Brandt bis Genscher nichts geändert. Kein anderer Staat der Welt hat sich ganz freiwillig so bedingungslos mit all der militärischen Macht, die er aufzubieten hat, dem Dienst an der westlichen Bedrohung der Sowjetunion verschrieben. Auf der Grundlage, und nur auf der, ist der Schein von „Mäßigung“ leicht zu haben. Es reicht dafür ja schon, daß man mit den Russen überhaupt verhandelt – egal, welche Erpressungen die westlichen Abrüstungsdiplomaten ihnen auftischen. Ja, heutzutage ist es schon „gemäßigt“, wenn deutsche Politiker zweimal pro Woche die amerikanische Führungsmacht dazu aufrufen, an den exponierten Frontstaat BRD zu denken und nicht gleich sämtliche bislang gültigen Waffenstillstandsbedingungen zwischen Ost und West – darunter vor allem eine gewisse „Gleichrangigkeit“ der Sowjetunion als Atommacht – aufzukündigen.

Die Bundeswehr, fest eingebunden in die NATO, garantiert, daß die Republik als treuer Vasall der USA und ihres antisowjetischen Kampfprogramms in die Affären der Weltpolitik eingreift. Und da profitieren die Führer der Nation nicht schlecht vom Bündnis und seiner „Arbeitsteilung“ in Sachen militärischer Gewalt. Wo amerikanische Truppen und deren Verbündete zuschlagen, Regierungen kleinmachen oder einrichten, mit ein bißchen Terror für nützlichen Unfrieden und einen genehmen Frieden sorgen: da sind die Interessen der BRD, des unentbehrlichen Partners an der Hauptfront, automatisch bestens mitversorgt. „Die Freiheit Berlins wird in Vietnam verteidigt“, hieß es einmal. Da ist etwas dran: Die Freiheit der BRD, in der Weltgeschichte herumzufuhrwerken und ihre Ansprüche durchzusetzen, kommt ohne Schlächtereien wie die in Vietnam nicht aus – und für deren Durchführung steht der große Verbündete gerade. Dessen Kriege dienen allemal zugleich dem deutschen Recht – wenn alles klar ist, können Genscher & Co dann wieder „mäßigend“ zum Frieden raten und die Vertragsapostel spielen. Oder andersherum: die bundesdeutschen Kriege, die fälligen Militäraktionen zur Verteidigung bundesrepublikanischer Ansprüche in aller und an alle Welt, führen einstweilen andere, vor allem die USA, indem sie im Zeichen des demokratischen Systems störende Mächte wegräumen und Helfershelfer einsetzen. Die

Bonner Herrschaften brauchen keine eigenen Kanonenboote und Fallschirmjäger in Marsch zu setzen, können sich diplomatisch im Glanz tiefster Friedfertigkeit sonnen. Das ist der – vorweggenommene – Lohn für die Lasten, die sie an der europäischen Weltkriegsfront für ihr Volk vorgesehen haben. Auch für die BRD gibt es die Teilhabe an der demokratischen Weltherrschaft nicht umsonst.

Die demokratische Weltordnung funktioniert nicht ohne Kriege. Die BRD ist immer mit dabei – ohne daß die Bundeswehr auf diesem Feld bislang Ehre geerntet hat. So sieht es die „Arbeitsteilung" im Bündnis vor. Da hat die Bundesregierung gut Frieden stiften: Sie ist der dauernde Kriegsgewinnler.

Auch die Geschichte mit Schlesien und der „deutschen Teilung" ist bei der NATO in guten Händen. Klar, auf eigene Faust losmarschieren und das Gelände von der Elbe bis an die Memel „heimholen", das steht nicht im Aufgabenkatalog der Bundeswehr. Aber soll man das der Bundesrepublik im Ernst als weise Selbstbeschränkung anrechnen, die sie mit der „West-Integration" eingegangen wäre?! Eher ist es doch wohl umgekehrt; Um gegenüber der sowjetischen Siegermacht den Anspruch auf ein „wiedervereinigtes" Großdeutschland überhaupt anmelden zu können – „die deutsche Frage offenhalten", heißt das im Bonner Diplomatendeutsch –, dafür braucht es schon Atommächte und ein ganzes Weltkriegsbündnis im Rücken. Dort, im Bündnis, sorgen die bundesdeutschen Regierungen seit jeher dafür, daß bei aller Systemgegnerschaft und bei allen gemeinsamen Weltherrschaftsansprüchen gegen den störenden „Ostblock" die deutsch-nationalen Sondervorhaben nicht zu kurz kommen. Die NATO erklärt vor allem das Weltkriegsergebnis in Europa ununterbrochen zu einem Ärgernis, das beseitigt gehört, dafür haben die Bonner Regierungen gesorgt, dafür stehen sie ein. Dabei soll es wieder als „Mäßigung" gelten, wenn die Forderung nach einem Revanchekrieg und einer Wiederherstellung von Hitlers Erfolgen unterbleibt. Man möchte ja „bloß" ein Europa, in dem die Grenzen „kein Hindernis mehr darstellen" – für wen oder was denn, bitte schön? Ein Hindernis sind die europäischen Grenzen, genauer: die zwischen den NATO-Staaten und dem Warschauer Pakt, vor allem für eine Partei: für die Machthaber in Bonn. Denen ist ihre BRD zu klein, selbst die „Europäische Gemeinschaft," die sie so ziemlich unter ihre Fuchtel gekriegt haben, noch zu eng. In Polen, Ungarn ... möchten sie wenigstens genauso viel zu sagen haben; und erst recht über die DDR-Bewohner, die ja sogar ganz ungerührt als verhinderte Bundesbürger geführt werden.

„Harmlos“, „gemäßigt“, „unschuldig“? Richtiger ist es doch wohl so: Als führender NATO-Staat, als westeuropäische Hegemonialmacht, tritt die BRD für eine Neuordnung ganz Europas ein, die über die revanchistischen Phantasien vorgestriger „Vertriebenen“-Funktionäre weit hinausgeht. Das gesamte Weltkriegsprogramm der NATO gibt es in einer bundesdeutschen Lesart; da heißt die Überschrift: „ein Europa freier Völker“. Daß so Hitlers Niederlage rückgängig gemacht werden soll, wird gar nicht einmal geleugnet; weggelogen wird „nur“, daß dieses Ziel ohne siegreichen Krieg nicht zu haben ist.

Und nicht einmal diese Lüge will ganz ernstgenommen sein: Für einen solchen Kraftakt wird die Bundeswehr schließlich auf- und abgerüstet!

Die BRD – nur ein Vasall der USA? Von wegen! Sie kalkuliert mit der Wucht des Bündnisses und dem ganz großen Krieg – für ihre nationalen Interessen in Europa und der Welt.

Die guten Deutschen: Ohne Weltkriegsprogramm keine „nationale Identität“

Mit seiner Wehrmacht ist der Bundesbürger also bestens bedient. Soweit er nämlich Bundesbürger ist: ein schwarz-rot-goldener Charakter. Sofern er also die Russen fürchtet und verachtet – ohne einen einzigen „Sowjet“ zu kennen, der ihm den Arbeitsplatz, die Arbeitslosenunterstützung oder den Ausflug ins Grüne streichen wollte. Sofern er „die Freiheit“ hochhält – gerade wo davon nur noch der unmißverständliche harte Kern übrigbleibt: die bedingungslose Handlungsfreiheit der Regierung im Staat und nach außen. Sofern er ganz einfach für Deutschland ist – um so mehr, je weniger materielle Sicherheit und Auskommen er auf dem demokratischen Arbeitsmarkt der Nation, in ihren Betrieben und bei ihren Rentenkassen findet.

Bedient wird der Stolz auf das Vaterland. Es sind immerhin sehr hochgegriffene Ziele, für die die Heimat ihr Menschenmaterial verschleißt. Für diese Ehre stehen sie ein, die Macher in Bonn und ihre rundum erneuerte, gelungene Wehrmacht. Da weiß er doch, wo er dran ist und was er mehr hat, der selbstbewußte demokratisierte Deutsche, der sich von seiner Führung überall hinstellen läßt – an jede Front und unter jede Lebensbedingung.

Es lebe die Bundeswehr! Ohne sie wüßte man kaum, wofür es sich lohnt zu sterben – als nützlicher Idiot des schwarz-rot-goldenen Welterfolgs.

Dokument 10

Flugblätter von Basisgruppen, Alternativen, Fachschaftsinitiativen

Die BASISGRUPPEN-/FACHSCHAFTler/innenliste ist ein Zusammenschluß von Leuten aus verschiedenen Arbeitszusammenhängen, die sich vorgenommen haben, gemeinsam für ihre Hoffnung auf eine BRD ohne Besorgnis, ohne Atomkraftwerke und Militär, ohne Ausbeutung, Bürokratie und Herrschaft zu kämpfen. Diese Liste wird getragen von den BASISGRUPPEN an der Uni Köln, der FGM (Fakultätsgruppe Medizin), den BASISGRUPPEN an PH und AfH und von Leuten aus diversen Initiativen und Arbeitskreisen (Anti-AKW-Kreis, Kölner Juristenzeitung, Fakultätsinitiative Wirtschaftswissenschaften, Kinderhilfe Lateinamerika, Infostelle El Salvador, NZS/Polen-Initiative, Friedensgruppen etc.) Wir arbeiten in Fachschaften, Fakultäten und in den ASten von PH, AfH und Uni Köln. Außerhalb der Universität unterstützen uns die Bunte Liste und die GRÜNEN.

SELBSTDARSTELLUNG

Grün-Bunt-Alternative Liste (GBAL)

Die GBAL ist der erfolgreiche Versuch der undogmatischen Kräfte, im Marburger AStA Politik zu machen. 1977 wurde Spontifex Maximus zwar stärkste Fraktion im Stupa, hatte aber trotzdem nicht genügend Stimmen, um den AStA zu übernehmen. Nachdem 1978 Lili (Linke Liste) und Loli (Lockere Liste) wieder von über 1100 Leuten gewählt worden waren und es trotzdem nicht zum AStA reichte, wurde 1979 eine Ruhe- und Meditierpause eingelegt, während der das „Spannplenum“ außerparlamentarisch arbeitete. Am 25.1.1980 einigte sich ein Teil des Spannplenums darauf, eine Kandidatur zu wagen, im April konstituierte sich die GBAL, bis zum Mai wurde ein Programm erstellt, im Juni wurde die Wahl gewonnen, im Oktober der grün-bunt-alternative/Juso AStA gewählt. Seit Oktober 1981 stellt die GBAL allein den AStA, seit Ende 1982 aber nur noch kommissarisch: es wurde kein neuer gewählt. Aus den Wahlen im Sommersemester 1983 ging die GBAL erneut als stärkste Gruppierung hervor und konnte nach langem Ringen zusammen mit den Jusos einen neuen AStA bilden. Bei den Stupa-Wahlen

1984 konnte die GBAL als einzige Gruppierung Stimmen hinzugewinnen (1601 statt 1392) und erreichte ihr bis jetzt bestes Ergebnis: 15 Sitze im Studentenparlament. Auf der 2. Sitzung des 22. Marburger Studentenparlamentes konnte dann ein AStA-Vorstand aus GBAL und Juso-HSG gewählt werden.

Im Sommer kandidierte die GBAL zusammen mit unabhängigen Spontis (siehe Stichwort „Spanns") erstmals auch zum Konvent und wurde auf Anhieb stärkste Fraktion. Bei den Wahlen 1984 konnten die GBAL + Spanns noch weitere Stimmen zulegen und gewannen 2 Sitze dazu (einzige Liste mit Sitzgewinnen).

Die Grün-Bunt-Alternative Liste hat keine offiziösen Strukturen wie andere Hochschulgruppen, es gibt keine Vorstandsposten und andere Titel zu gewinnen, alle Leute sind gleichberechtigt. Wir arbeiten in Kollektiven zusammen zu den Themen: Frieden/Antimilitarismus, Kultur/Videogruppe, Datenverarbeitung/Computerisierung/Medien + Kommunikation, Antirepression, Antifa-Gruppe, AStA-Vorstandsgruppe/Koordination/Finanzkommision, Presse- und Öffentlichkeitsreferat (Büchertisch), Hochschule/Fachschaften, Soziales/Behinderte, Internationalismus, Ökologie, Kommunikationspolitik und z.T. auch Landes- und Bundespolitik. Dann gibt es noch eine Spaß- und Spannfraktion, die für jede Art von Unsinn zuständig ist.

Des weiteren streben wir eine Zusammenarbeit mit allen undogmatischen Initiativen/Gruppen/Leuten inner- und außerhalb der Uni an. Alle Leute, die bei uns mitmachen wollen, können dies tun, können mitreden und mitentscheiden. Die Referate arbeiten autonom und besprechen sich regelmäßig auf Plena. Jeden Montag findet ab 20.00 Uhr im AStA-Cafe ein großes Plenum statt, an dem alle GBALer(innen) und der Sympatisantensumpf teilnehmen (können) und auf dem aktuelle Probleme geklärt werden (oder auch nicht). Weiterhin werden die grundlegenden Veränderungen der BRD-Gesellschaft geplant, über den AStA meditiert, die Revolution vorbereitet, über Gott und die Welt geschwätzt (über Gott aber recht selten).

Bei uns sind Öko-Freeks und Müsli-Fresser, Fahrradfahrerinnen und Fußgänger, Feministinnen und Altlinke, Ex-SPDler und Noch-KBler, Autonome und Gewaltfreie, Grüne und Anarchos, Althippies und Jungspontis, Hausbesetzer und Hundebesitzer, Ostfriesen und Emsländer, Wendländerinnen und Odenwälder, einige Leute vom Bottroper Block (Power-Zombie-Zopp), die Befreiungsfront für einen wirklich linken Niederrhein, Anti-AKW- und Anti-Startbahn-Bewegung, Neue Medien Initiativen, Bürgerinitiative für ein Albrecht-freies-Niedersachsen. Magenkranke und Psychopathen, Trinker und (militante) Nichtraucher(innen). Einig sind wir uns in folgenden Punkten:

- Wir stehen in einem kritischen und recht distanzierten Verhältnis zu all jenen Leuten, die aus diesem Lande einen Atom- und Raketenstaat machen wollen. Wir lehnen eine Hierarchisierung und Bevormundung in der Gesellschaft ab und wehren uns gegen autoritäre Verhaltensweisen. Wir streben basisdemokratische Strukturen an, die wir auch in unserer Gruppe zu praktizieren versuchen.
  Wir haben ein positives Verhältnis zur Auseinandersetzung mit allen anderen Linken und (egal ob Jusos, MSB/SHB, RZ, MG, K-Gruppen usw.) unsere Solidarität ist nicht selektiv, sie gilt allen Opfern von Repressionen, unabhängig davon, wer Betroffener oder Ausführender ist. Wir wollen den AStA nutzen, um der politischen Restauration undogmatische und unkonventionelle Politik entgegenzusetzen.
  Wir wollen unsere Arbeit nicht auf die Uni beschränken und stattdessen die Zusammenhänge zwischen Hochschule und Gesellschaft, zwischen Ausbeutung und kapitalistischem Verwertungsinteresse aufzeigen.

GAL Osnabrück

LINKE LISTE Liste 7

So, nun sollen wir Euch also auf 1 Seite verklickern, wer wir sind und was wir (von Euch) wollen.

--- UNMÖGLICH !!!! ---

Aber sei's drum.

Wir sind eine Zusammenrottung von Leuten, die, mögen sie noch so unterschiedlich sein, aus den verschiedensten universitären und außeruniversitären Initiativen kommen und vielleicht ebensoviel Meinungen haben, doch ein gemeinsames Ziel haben.

-.-.-. Die basisdemokratische freie sozialistische Gesellschaft -.-.-.

Ein zugegeben fast utopisches Ziel, aber:

UTOPIEN SIND MACHBAR, HERR NACHBAR!

Deshalb werden wir allen Tendenzen entgegentreten, die die herrschenden Verhältnisse stabilisieren oder gar bis in alle Ewigkeit fortschreiben wollen. Wir treten also für eine allumfassende gesellschaftliche Veränderung ein.

IT'S A LONG WAY; BUT WE MUST DO IT – SO LET'S DO IT
T O G E T H E R !!!

Da die Uni nun einmal unser aller Alltag bestimmt (warum bestimmen eigentlich nicht wir diesen Alltag selbst?) , müssen wir uns gerade hier verstärkt gegen bestimmte Strukturen wehren.

Aber: DAS KANN DOCH NICHT ALLES GEWESEN SEIN.

Genau! Es reicht nicht, nur hier an der Uni tätig zu werden, auch gegen Kriegstreiberei, Militarismus, Imperialismus jeder Coleur, Stumpfsinn und Unterdrückung jeder Art müssen wir unsere Vorstellungen durchsetzen. (Tja, hilft nun mal nix.)

Ihr werdet in diesem Info auch eine Darstellung der GHG (Grüne Hochschulgruppe) finden und Euch fragen: Wieso kandidieren 2 grüne Gruppen? Ganz einfach, weil wir uns trotz gewisser Gemeinsamkeiten unterscheiden. Wir als GAL/Linke Liste sind eben mehr als nur ein (grob gesagt) Anhängsel der GRÜNEN. Wir wollen ohne Rücksicht auf parteipolitische Interessen EURE Interessen wahrnehmen.

Wir haben dazu mindestens soviel Vorstellungen wie wir Leute sind, und erwarten von Euch, daß ihr Eure Vorstellungen auch einbringt.

! DARIN LIEGT UNSERE CHANCE UND UNSERE STÄRKE !

Also Leute, hoch die lahmen Knochen und nichts wie hin zur Wahl/ GAL.

GAL

Gewalt

Brecht dem Staat die Gräten – Alle Macht den Räten

Mit diesem Aufruf unterzeichnete die GAL ihr Flugblatt anläßlich „30 Jahre Bundeswehr". Untermalt wurde diese Aufforderung zur Gewaltanwendung mit einem Foto, das mehrere vermummte Typen zeigt, die Wurfgeschosse schleudern. Hieran zeigt sich, wessen Geistes Kinder der politische Kern der GAL ist. Wer jetzt noch die GAL mit dem vorwiegend gewaltfreien Teil der Friedens-, Anti-AKW- oder Ökobewegung identifiziert, begeht nicht nur eine Verharmlosung, sondern verfehlt schlicht den Kern der Sache. Daran ändern auch die paar Hansel der ehemaligen grünen Hochschulgruppe nichts, die zwar sehr hilfreich waren, der GAL den Namen zu geben, aber nicht die politischen Inhalte.

Diese Militanz ist konsequente Fortsetzung der Boykottpolitik, die die GAL von Anfang an in den parlamentarischen Gremien an der Uni betrieb und betreibt.

Die GAL erhofft sich anscheinend eine Reaktivierung des gewaltsamen Widerstandes.

Offenbar wird juristische Verfolgung provoziert und erhofft, weil dann Angeklagte zu Märtyrern der Bewegung gemacht werden können.

Erschreckend ist, mit welcher Selbstverständlichkeit Gewalt als Mittel der politischen Auseinandersetzung verkauft wird.

Wer Gewalt gegen Menschen und Sachen fordert, der hat die Phase des „Überzeugen wollens" längst überschritten und macht seine individuelle Agressivität zur Politik.

Wer berechtigte Bauchschmerzen bekommt, wenn er spielende Kinder auf Panzern sieht und gleichzeitig Gewalt fordert und anwendet, ist genauso militant wie Aufrüstungsexperten in Ost und West. Er trägt das Potential für kommende Kriege bereits in sich.

GAL

Grün-Alternative-Liste

Die Bundeswehr: 30 Jahre Instrument des NATO-Imperialismus

Am 8. Mai 1945 kapitulierte das Nazi-Regime vor der Anti-Hitler-Koalition, am 5. Mai 1955 wird die BRD Mitglied der NATO und beginnt sofort mit dem Aufbau der Bundeswehr. In den zehn Jahren, die zwischen diesen Daten liegen, hatte sich die geopolitische Lage grundlegend verändert: Die imperialistischen Staaten waren nun nicht mehr vornehmlich Konkurrenten, sondern bildeten unter Führung der USA ein internationales Kartell zur Sicherung des kapitalistischen Systems. Es galt von nun an, den Einfluß der UdSSR einzudämmen, sowie die eigene Macht über die 3. Welt zu erhalten und festigen. Auf militärischer Ebene wurde zu diesem Zweck im April 1949 die NATO gegründet. Nach der Konstituierung der BRD als bürgerlicher Demokratie im Mai 1949 war es nur noch eine Frage der Zeit, wann endlich wieder deutsche Armeen zur Verteidigung des Imperialismus aufgestellt werden würden. Am 12. November 1955 war es dann soweit: Adenauer vereidigte die ersten Soldaten des neuen deutschen Militarismus und schuf so die Basis für die heute größte Armee in Mitteleuropa.

Die Gesetze der kapitalistischen Wirtschaft zwingen das System in Zeiten der Rezession zu einer besonders aggressiven Politik. Das trifft natürlich auch für die BRD zu, die immer mehr in die Global-Strategie der Nato eingebunden wird. Dabei sind zwei Ebenen zu unterscheiden: Zum einen die Unterstützung von militärischen Interventionen v. a. im Nahen Osten. Der aktuellste Ausdruck dieser Politik ist der „Host Nation Support During Crisis Or War"-Vertrag. Darin wird u. a. festgelegt, daß die Bundeswehr 93 000 zusätzliche Reservisten zur Unterstützung der US-Truppen bereitzustellen hat. Außerdem wird die BRD verpflichtet, eine Infrastruktur zu errichten und zu unterhalten, die den USA insbesondere den Einsatz schneller Eingreiftruppen ermöglicht. Die zweite Ebene, auf der die Bundeswehr eine Rolle spielt, ist ihre Funktion als Militärmacht gegen den Warschauer Pakt. Auch hier wird – durch die Airland-Battle-Doktrin – eine zunehmend aggressive Politik deutlich. Um ihre Macht zu erhalten, muß die NATO in der Lage sein, jeden Gegner zu besiegen. Zu diesem Zweck dienen z. B. die nukleare Erstschlagsoption, die konventionelle Aufrüstung (Rogers-Plan) und das Fofa-Konzept (Follow-On-Forces-Attack), das eine Bekämpfung des Gegners in dessen Hinterland durch die Zerstörung von Punktzielen erlaubt. Dafür ist auch der gleichzeitige Einsatz von konventionellen, atomaren und chemischen Waffen vorgesehen.

Die Airland-Battle-Doktrin zeigt aber auch die Interessengegensätze zwischen den USA und Europa: Nach dieser Doktrin soll ein Krieg gegen den Warschauer Pakt nicht nur gewinnbar sein, er soll auch auf Europa begrenzt werden können. Angesichts dieser Entwicklung ist es kaum verwunderlich, daß Stimmen laut wurden, die eine größere Eigenständigkeit Europas fordern. So wurde z. B. unter der Federführung Frankreichs eine Wiederbelebung der WEU (Westeuropäische Union) diskutiert. Nach Ablaufen des Atomwaffensperrvertrages 1995 könnte diese Diskussion neue Aspekte bekommen, wenn die BRD eigene Atomwaffen bauen sollte – die technischen Voraussetzungen dafür sollen ja schließlich mit der WAA in Wackersdorf schon geschaffen werden. Aus dem hier aufgezeigten Interessenkonflikt darf jedoch nicht geschlossen werden, die NATO könne daran zerbrechen. Vielmehr beziehen die USA die Forderung nach mehr europäischer Eigenständigkeit in ihre Konzeptionen mit ein: Je weniger die USA sich in Europa engagieren, desto größere Kräfte können sie in anderen Teilen der Welt aufbieten. Im übrigen ist es so, daß in akuten Krisen alle Streitigkeiten der Imperialisten hinter dem gemeinsamen Ziel der Aufrechterhaltung der Ausbeutung zurücktreten und so das wahre Gesicht der weltweiten Unterdrückung hervortreten lassen. Deshalb lautet unsere Forderung zum Bundeswehr-Geburtstag:
Raus aus der NATO,
Kampf dem Imperialismus!

SÄBELRASSELN ZUM GEBURTSTAG

Die von der NATO betriebene Aufrüstung findet ihren ideologischen Niederschlag im immer offensiveren Aufteten der Militärs in der Öffentlichkeit. Um nur ja jeden Zweifel am Sinn oder Unsinn der Kriegspolitik zu unterbinden, wird an die ewigen Werte der Nation und des Soldatentums appelliert. Der Bundeswehr-Geburtstag ist nun der willkommene Anlaß, diese Werte zur Schau zu stellen: In diesem Herbst erwarten das Volk 94 Gelöbnisse und Vereidigungen, 17mal der Große Zapfenstreich sowie unzählige Waffenschauen. Unterstützt wird dieser PR-Kampagne durch die Herausgabe einer Sonderbriefmarke (schwarz-rot-gold mit Eisernem Kreuz), einem Werbeetat von 11 Millionen DM und einer Sonderbroschüre der „Welt". Damit sollen das Vorhandensein der Bundeswehr im Bewußtsein des Volkes gefestigt und die Akzeptanz für deren etwaigen Einsatz vergrößert werden. Dabei genügt ein Blick auf die Geschichte, um den Ausgang einer militärischen Durchdringung der Gesellschaft abzusehen: Krieg und Massenelend!

Außer der Kriegsvorbereitung dient dieses Säbelrasseln auch der Verschleierung der sich verschärfenden Widersprüche innerhalb der Gesellschaft. Auch hier lehrt die Vergangenheit, daß das so beschworene Nationalgefühl die Bewegungsgesetze des Imperialismus vorantreibt. Natürlich ist die gegenwärtige Situation nicht die gleiche wie z. B. diejenige im Jahre 1914: Zum einen ist das Risiko, das von einem Krieg ausgeht, seit damals enorm angestiegen und zum anderen scheint das System immer noch in der Lage zu sein, sich mit Hilfe der allernotwendigsten Reformen der veränderten politischen Lage anzupassen. Trotzdem: Die reaktionären Kräfte gewinnen in der gesamten westlichen Welt an Gewicht. Das Auftreten gegenüber unliebsamen Regierungen wird immer aggressiver (z. B. Nicaragua) und auch innenpolitisch sind die Reformvorstellungen der 70er Jahre verflogen. Im Gegenteil: die staatliche Repression nimmt immer mehr zu (z. B. die strikte Anwendung des § 129a) Diese Tendenzen machen einen stärkeren Widerstand notwendig, als er in den letzten Jahren vorhanden war. Deshalb rufen wir zur Teilnahme an den Aktionen gegen die Bundeswehrfeiern auf!!!!

Dokument 11

Dokumentation über „Gewalt an deutschen Hochschulen“, zusammengestellt vom Ring Christlich Demokratischer Studenten (RCDS), veröffentlicht in: RCDS (Hrsg.), Aufbruch in die Gewalt? Dokumentation des RCDS-Bundesvorstandes, Bonn 1986

Spuren der Gewalt an deutschen Hochschulen in der Mitte der 80er Jahre

Einige ausgewählte Beispiele

Im folgenden belegen einige Beispiele konkreter Gewalt an Hochschulen die Instrumentalisierung dieses gefährlichen Gedankengutes zur Behinderung politisch Andersdenkender und Verhinderung geistiger, politischer Auseinandersetzung in den Hochschulen. Die aufgezählten Beispiele sind nur die Spitze des Eisberges einer Verwilderung der politischen Kultur an den Hochschulen; die ständigen Bedrohungen beim Verteilen von Informationsmaterial sowie beim Plakatieren können hier aus Platzgründen nicht dokumentiert werden.

1. 15. Juli 1985, Berlin

Mitte Juli 1985 wird der Würzburger Völkerrechtler und Gast einer Ringvorlesung der Freien Universität Berlin, Prof. Dieter Blumenwitz, von einer Schlägertruppe überfallen, mit Farbeiern beworfen und geschlagen. Die Gewalttäter stürzen Stellwände auf ihn und zerreißen sein Manuskript, bevor er seinen angekündigten Vortrag beginnen kann. (Vgl. DIE WELT, 16. 6. 1985.)

2. 15. Oktober 1985, Münster

Am 15. Oktober 1985 veranstaltet der RCDS in Münster eine Podiumsdiskussion zu Menschenrechtsverletzungen in Nicaragua. Podiumsteilnehmer sind der nicaraguanische Exilpolitiker José Davila, politischer Koordinator der Allianza Revolucionaria Democratica (ARDE), Gustavo Garcia – Ziemsen, Mittelamerika-Spezialist bei der Deutschen Welle, Jörg Debatin, stellvertretender Bundesvorsitzender des RCDS und der Münsteraner RCDS-Vorsitzende Rüdiger Röttgers.

Brutale Schlägertrupps des MSB-Spartakus, der Hochschulorganisation der DKP, beginnen schon vor der Veranstaltung mit Gewalttätigkeiten. RCDS-Mitglieder erleiden zahlreiche Verletzungen, darunter Kopfverletzungen und Schnittwunden. Ein weibliches RCDS-Mitglied erleidet einen Bänderriß. Auf dem Podium wird der nicaraguanische Exil-Politiker Davila tätlich angegriffen. Der Saal muß von der Polizei geräumt werden; anschließend kann die Veranstaltung fortgesetzt und zu Ende geführt werden. (Vgl. Pressemitteilung des RCDS-Bundesvorstandes 16. Oktober 1985; Münstersche Zeitung 16.10.1985; Westfälische Nachrichten, Münster 22.10.1985.)

3. 15. Januar 1986, Göttingen

Für den 15. Januar 1986 lädt der Ring Christlich Demokratischer Studenten zu einer Großveranstaltung mit CDU-Generalsekretär Dr. Heiner Geißler unter dem Titel „Heiner Geißler diskutiert mit Studenten" in den größten Hörsaal der Universität Göttingen ein. Allein die Ankündigung der Veranstaltung löst bei allen linken Gruppen üble Beschimpfungen in zahllosen Flugblättern gegenüber Heiner Geißler und dem RCDS aus. Es fallen Schlagwörter wie „Teufelsaustreibung", die an Heiner Geißler vorgenommen werden solle.

Kurz vor Beginn der Veranstaltung um 19.00 Uhr gelingt es 300, zum Teil vermummten, gewalttätigen Störern, eine versperrte Hörsaaltür aufzubrechen und in den Hörsaal zu gelangen. Im total überfüllten Saal befinden sich zu diesem Zeitpunkt ca. 1200, im Foyer des Zentralen Hörsaalgebäudes nochmals etwa 2500 Studenten.

Heiner Geißler und die übrigen Podiumsteilnehmer gelangen nur unter starkem Polizeischutz in den Hörsaal. Dort angekommen, beginnt ein ohrenbetäubendes Pfeifkonzert und Protestgeschrei, das während der ganzen zweistündigen Diskussionsveranstaltung nicht abreißt. Auf dem Podium sitzen neben Dr. Geißler der bildungspolitische Sprecher der CDU/CSU Bundestagsfration, Klaus Daweke, der Bundesvorsitzende des RCDS, Christoph Brand, dessen Stellvertreter Jörg Debatin und der Göttinger RCDS-Vorsitzende Wolfgang Jahn. Es fliegen Farbbeutel, Eier, Bouletten, faules Obst und Knallkörper auf das Podium, das von Beamten in Zivil mit Schutzschilden geschützt werden muß. Geißler wird als „Lügner", „Hetzer" und „Faschist" beschimpft.

Die stellvertretende Göttinger RCDS-Vorsitzende, Yvonne von Leesen, wird von linken Chaoten geschlagen und leicht verletzt, als sie mit übrigen Ordnern das Podium gegen eine Erstürmung abschirmt. Mehrere Studenten haben im Verlauf der Veranstaltung Gelegenheit, Fragen zu stellen, die dann von den Podiumsteilnehmern beantwortet werden. Alle Fragesteller distanzierten sich von den Störern. Ständige Appelle seitens der Veranstalter, die freie Meinungsäußerung nicht zu behindern oder zu verhindern, werden von den 300 Störern mißachtet.

Die Veranstaltung wird trotz der massiven Störungen zu Ende geführt. Bei der Abfahrt aus dem Universitäts-Gelände trifft ein Stein das Fahrzeug des CDU-Generalsekretärs als „Provokation". (Vgl. Hannoversche Allgemeine Zeitung und dpa, 17.1.1986.)

4. 1. Februar 1986, Berlin

Anfang Februar 1986 kommt es zu Tumulten bei der Wahl des neuen Präsidenten der Technischen Universität Berlin. Beim entscheiden Wahlgang stürmen Studenten das Podium, greifen den Wahlvorstand an und versuchen, die Wahlkabinen zu demontieren. (Vgl. Die Welt, 2. Februar 1985.)

5. 26. Februar 1986, Frankfurt

Einen chaotischen Verlauf nimmt an der Frankfurter Universität eine Veranstaltung am 26.2.1986 mit Peter Hintze, dem Beauftragten der Bundesregierung für den Zivildienst. Auf Einladung des RCDS und des evangelischen Arbeitskreises der Frankfurter CDU soll Hintze im Hörsaal 1 der Universität ein Referat über die verfassungsrechtlichen Grundlagen des waffenlosen Ersatzdienstes und Probleme der Neuregelung des Anerkennungsverfahrens von Wehrdienstverweigerern halten.

Die Absicht der Veranstalter ist es, besonders solche Studenten, die noch nicht Wehr- oder Zivildienst geleistet haben, aber noch mit einer Einberufung rechnen müssen, über ihre rechtliche Situation zu informieren. Jedoch wird sehr schnell deutlich, daß die große Mehrheit der rund achtzig Anwesenden Abgesandte einer „Selbstorganisation der Zivildienstleistenden" sind, deren Ziel einzig darin besteht, den Gast aus Bonn niederzubrüllen und eine kritische Diskussion zu verhindern.

Als Hintze um Gehör bittet, „diskutieren" die Störer, wieviel Redezeit dem Sprecher zugestanden werden könne. In den folgenden zwei Stunden bestimmen die immer von zwei oder drei Zwischenrufern gleichzeitig eingeworfenen Anklagen und Forderungen den Gang der Debatte.

Der Lärm im Auditorium erreicht den Höhepunkt, als ein vermummter Mann zum Podium geht und Hintze eine mit einer Tomate verzierte Galgenschlinge um den Hals legt. Auf Kommando bewerfen die Zuschauer Hintze und die auf dem Podium sitzenden RCDS-Vertreter mit der vom Bundesamt für Zivildienst herausgegebenen Zeitschrift. (Vgl. FAZ vom 28.2.1986.)

6. 12. Juni 1986, Bielefeld

Am 12. Juni 1986 ist CDU-Generalsekretär Heiner Geißler Gast einer Diskussionsveranstaltung des RCDS im Auditorium Maximum der Universität Bielefeld. Wieder versuchen linke Störer, die Veranstaltung zu sprengen. Auf dem Podium sitzen neben Dr. Geißler der Bundesvorsitzende des RCDS, Christoph Brand, der bildungspolitische Sprecher der CDU/CSU-Fraktion Klaus Daweke und der Bielefelder RCDS-Vorsitzende Imhoff. Permanenter Lärmterror, Sprechchöre und Trillerpfeifen sollen die Worte Geißlers übertönen.

Die Veranstaltung kann nur unter starkem Polizeischutz und mit einer wattstarken Lautsprecheranlage durchgeführt werden. Die Podiumsteilnehmer müssen von Beamten in Zivil mit Schutzschildern gegen auf das Podium geworfene Gegenstände geschützt werden. In der Diskussion kommen insgesamt elf Kommilitonen zu Wort. Die Veranstaltung wird trotz der massiven Störaktionen durchgeführt. Beim Verlassen des Universitäts-Geländes werden die Podiumsteilnehmer mit stinkbombenartigen Beuteln beworfen, deren übelriechender Inhalt hautverätzende Wirkung hat.

7. 18. Juni 1986, Mainz

Am 18. Juni 1986 eröffnete der RCDS in der Universität Mainz eine Dokumentations-Ausstellung zu Menschenrechtsverletzungen in Nicaragua unter dem Titel „Für Menschenrechte überall". In einem nicht unterzeichneten Flugblatt „Nur kämpfen heißt leben" wird kurz darauf dazu aufgerufen, diese Ausstellung zu Menschenrechtsverletzungen zu zerstören. Gegen 11.50 Uhr erscheinen acht bis zehn maskierte Personen, die die Ausstellung zunächst mit Farb-Sprühdosen vollspritzen, umwerfen und schließlich brutal zusammenknüppeln. Menschen werden bei diesem rücksichtslosen Vorgehen der Maskierten mitten im Mensa-Foyer der Universität Mainz glücklicherweise und nur durch Zufall nicht verletzt.

8. 19. Juni 1986, Hamburg

Durch eine spektakuläre „Einkesselung" einer Diskussionsrunde mit Hamburgs Bürgermeister Klaus von Dohnanyi (SPD) und Hochschulsenator Klaus Michael Meyer-Abich (SPD) sprengen Studenten am 19. Juni 1986 eine vom Allgemeinen Studentenausschuß (AStA) der Universität Hamburg geplante Podiumsdiskussion. Kurz nach Beginn der Veranstaltung im Auditorium Maximum klettern rund 100 Studenten aufs Podium und umringen unter Begleitung gellender Pfeifkonzerte und megaphonverstärkter Zwischenrufe den Tisch der Diskussionsteilnehmer.

Verantwortlich für die Aktion, mit der gegen den Polizeieinsatz vom 8. Juni auf dem Heiligengeistfeld mit der Einkesselung von mehreren hundert Demonstranten protestiert werden sollte, ist offensichtlich die Hochschulgruppe der Grün-Alternativen Liste (GAL). Nach wiederholten Aufforderungen der miteingekesselten AStA-Sprecher, die Aktion zu beenden und die für den Polizeieinsatz verantwortlichen Politiker zur Rede zu stellen, verlassen die Studenten das Podium.

Der anschließende Versuch, die Diskussion in Gang zu bringen, scheitert jedoch immer wieder an lautstarken und anhaltenden Sprechchören sowie lärmenden Trillerpfeifen. Nach rund einer Stunde bricht der von einer Koalition aus Jungsozialisten und dem MSB Spartakus getragene AStA die Veranstaltung ab. (Vgl. dpa 19. 6. 1986.)

9. 24. Juni 1986, Hamburg

Am 24. Juni 1986 führt der RCDS-Hamburg eine Veranstaltung zu Menschenrechtsverletzungen in Nicaragua durch. Teilnehmer auf dem Podium sind der Gründer und ehemalige Vorsitzende der ständigen Kommission für Menschenrechte Nicaraguas José

Esteban Gonzales, Gustavo Garcia-Ziemsen, Mittelamerika-Experte bei der Deutschen Welle und Amrei Schulte-Kellinghaus, stellvertretende Bundesvorsitzende des RCDS sowie die Landesvorsitzende des RCDS Hamburg, Machaczek. Schon vor Beginn der Veranstaltung kommt es zu Tumulten, als sich mit Knüppeln bewaffnete Schläger aus dem Umfeld der Marxistischen Gruppe prügelnd Zugang zum Hörsaal verschaffen. Der christdemokratische Exil-Politiker Gonzales, der im Kampf gegen Somoza 1979 von diesem verfolgt wurde und heute aufgrund der Verfolgung durch die Sandinisten im Exil lebt, wird durch lautes Schreien und Zerstörung der Lautsprecheranlage daran gehindert, zu reden. Der Einsatz der Störer wird über Sprechfunk von um das Hörsaalgebäude herumfahrenden PKWs aus gesteuert. Die Veranstaltung nuß nach 20 Minuten abgebrochen werden, um die friedlichen Teilnehmer nicht zu gefährden.

Didaktische und methodische Handreichungen

Zur Didaktik

Als Ende der siebziger Jahre und zu Beginn der achtziger Jahre die ersten umfangreicheren Untersuchungen zum gesellschaftlichen Phänomen der „Alternativen" und „Aussteiger" erschienen, konnte man sich noch darauf berufen, eine – vor allem zu Beginn der achtziger Jahre – zwar wachsende, insgesamt aber doch prozentual geringe Bevölkerungsgruppe zu beschreiben. Problematisch allerdings mußte auch damals schon erscheinen, daß Jugendliche in dieser Gruppe erheblich überrepräsentiert waren. Diese Beobachtung bezieht sich auf die alternativen Lebens-, Beziehungs- und Produktionsformen wie auf die Suche nach politischen Alternativen. Die Unzufriedenheit mit der Politik der etablierten Parteien CDU/CSU, FDP und SPD wurde im wesentlichen durch Jugendliche und hier hauptsächlich durch die Studentenschaft, artikuliert. Sie kam in der Bundesrepublik das erste Mal in der Studentenbewegung der sechziger Jahre zum Ausdruck, war in den siebziger Jahren weitgehend beschränkt auf die Universitäten und wurde seit Beginn der achtziger Jahre wieder zu einem gesamtgesellschaftlichen Phänomen, das sich nun auch nicht mehr ausschließlich auf die „intellektuelle Avantgarde" der Studenten beschränkte. Die vielfältigen Gründe und Ursachen für diese Entwicklung sind in zahlreichen Analysen untersucht worden.

Tatsache ist, daß diese Entwicklungen zu einem – in manchen Teilbereichen geradezu dramatischen – politischen und gesellschaftlichen Wandel geführt haben. Die Wahlerfolge, die die GRÜNEN bei kommunalen und bundespolitischen Wahlen hatten, zeigen, daß sich hier weitreichende Veränderungen vollzogen haben. Eine nicht unerhebliche Zahl von Bürgern traut offensichtlich den etablierten Parteien die Lösung bestimmter, auf die Zukunft weisender Probleme nicht mehr zu. Neu und bedeutsam daran ist, daß es sich bei diesen Bürgern nicht mehr nur um junge Menschen, sondern um Bürger aller Altersklassen handelt.

Die jüngsten Entwicklungen der Jahre 1986/87 zeigen, daß inzwischen auch an den Hochschulen der Bundesrepublik wieder „Bewegung" herrscht. Nachdem durch die Studentenbewegung einige dieser aktuellen Fragen aufgenommen worden waren, werden seit dem Jahre 1987 wieder Themen diskutiert, die sich unmittelbar auf studentische Interessenpolitik beziehen. Hierzu gehören u. a. die BAFöG-Auseinandersetzung, die Abiturnotendiskussion, die Kontroversen um die Studentenregelung und um den Wissenschaftsetat. Zur Zeit ist die Frage offen, ob die Studentenschaft wieder studentische Politik als Interessenpolitik betreibt.

Es gibt keine einschlägigen Monographien zum hier behandelten Thema. Seit Ende der sechziger Jahre war die studentische Politik weitgehend bestimmt vom Kampf um einzelne Themen, zum Beispiel im Rahmen der Friedensbewegung oder neuer sozialer Bewegungen. Hier wären dann in den einschlägigen und umfangreichen Publikationen die studentischen Anteile und Entwicklungen herauszufiltern.

Gleichwohl steht fest, daß die Zahl der für die modernen Industriegesellschaften zu lösenden Probleme nicht nur gewachsen ist, sondern daß die Probleme selbst komplexer geworden sind. Sie lassen auch keine unanfechtbaren Lösungsalternativen mehr zu. Widerspruch und kontroverse Diskussion liegen dieser Situation ebenso zugrunde wie ein erheblicher Grad an Verunsicherung und Unzufriedenheit der Bürger, insbesondere der Jugend. Diese Situation wird von extremistischen Gruppierungen ausgenutzt.

Sie bieten grundsätzlich einfache Handlungsmodelle mit absolutem Wahrheitsanspruch an und schaffen so eine vermeintliche Sicherheit und Überschaubarkeit. Es ist deshalb wichtig, daß unter anderen Aspekten immer wieder versucht wird, die Zusammenhänge solcher politischen und gesellschaftlichen Phänomene zu erfassen. Nur mit Hilfe sorgfältiger Analysen lassen sich Ursachen und Zielrichtungen dieser Bewegungen erkennen.

Staat und Gesellschaft müssen innovativ oder reformerisch reagieren. Gegenüber nicht akzeptablen Forderungen gilt es, den Standpunkt zu behaupten. Das heißt zugleich auch, daß einer möglichst großen Zahl von Bürgern die Gesamtentwicklung, die Problematik und die Perspektiven dieser Gruppen durch Information und politische Bildung durchschaubar gemacht werden muß. Diesen Versuch unternimmt der Autor dieses Heftes.

Politischer Extremismus in Demokratien hat sich stets zum Ziel gesetzt, unter dem Deckmantel alternativer oder reformerischer Politik die Grundprinzipien der Staaten zu untergraben und damit die bestehende politische und gesellschaftliche Ordnung zu zerstören. Wenn, wie im Jahre 1985, fast 30 Prozent der studentischen Vertretungen (ASten) von Mitgliedern dieser Gruppen besetzt sind, und wenn sich die Zahl der Studenten von 1972 bis heute verdreifacht hat, dann muß dieses Phänomen im Rahmen politischer Erwachsenenbildung thematisiert werden.

Als Beitrag zum Verständnis streitbarer Demokratie befaßt sich dieses Heft mit dem Extremismus an den Hochschulen der Bundesrepublik. In diesem Zusammenhang gilt, daß sich der Gebrauch des Begriffes „Extremismus" konsequent an die durch das Verfassungsgericht festgelegten Kriterien (SRP-Urteil von 1953 u. KPD-Urteil 1956) hält und sich ausschließlich auf solche Organisationen richtet, die auf Grund dieser Kriterien vom Bundesamt für Verfassungsschutz als extremistisch eingestuft werden.

Vor diesem Hintergrund muß auch im Auge behalten werden, daß extremistische Hochschulgruppen mit ihren Forderungen und Angeboten an die Studenten den spezifischen Bedürfnissen junger Menschen in ökonomischer, weltanschaulicher und entwicklungspsychologischer Hinsicht entgegenkommen.

Festzuhalten ist: Die linksextremistischen Gruppen sind gegenüber rechtsextremistischen in der Überzahl. Letztlich bleibt im rechtsextremistischen Bereich nur der wenig erfolgreiche nationaldemokratische Hochschulbund. Somit ist das Schwergewicht der Auseinandersetzung mit dem Extremismus an bundesdeutschen Hochschulen zwangsläufig auf das linke Spektum konzentriert.

Im Rahmen der politischen Bildung wird das vorliegende Heft im wesentlichen in den Oberstufen der Gymnasien, bei Studenten- oder Lehrerseminaren Verwendung finden. An diese Adressatengruppe richten sich die folgenden didaktischen und methodischen Anregungen.

Der Inhalt dieses Heftes ist zu bestimmen als

SITUATIONSFELD
- Komplexe Problemfragen
- Änderungen im politischen Verhalten des Bürgers
- Alternative „Politikansätze"
- Zukunftsangst junger Bürger
- Aktivierung junger Bürger durch extremistische Gruppen
- Angebot „wahrer" und geschlossener Weltbilder durch extremistische Gruppierungen
- Spezifisch unsichere Lebenssituation von Studenten

INHALT
- Entstehung extremistischer Hochschulgruppen
- Zugang zu extremistischen Gruppen
- Beschreibung der wichtigsten extremistischen Gruppen
- Einordnung und Wertung der Positionen dieser Gruppen

HANDLUNGSINTENTIONEN
- Erkennen der Entwicklung extremistischer Hochschulgruppen
- Kenntnis der Positionen dieser Gruppen
- Einordnung in den Gesamtrahmen der Hochschulpolitik
- Positionsbeziehung gegenüber solchen Gruppen im Rahmen streitbarer Demokratie
- Position beziehen gegenüber dem Extremismus

Hieraus sind für die Lernsituation der Adressatengruppen folgende Forderungen abzuleiten:

1) Information über die Existenz der extremistischen Hochschulgruppen,
2) Klarheit über den Begriff des Extremismus,
3) Kenntnis und Differenzierung der extremistischen Hochschulgruppen,
4) Definition der eigenen Betroffenheit und Rolle im Rahmen des Prinzips der streitbaren Demokratie.

Es werden daher folgende Richtlernziele (RLz) vorgeschlagen:

RLz 1: Fähigkeit, Begriff und Inhalt des Extremismus zu definieren, die politisch-gesellschaftiche Einordnung des Extremismus vornehmen zu können und sich mit diesem politisch-gesellschaftlichen Phänomen auseinanderzusetzen,

RLz 2: Fähigkeit, sich über die wesentlichen extremistischen Hochschulgruppen zu informieren und sie nach ihren Aussagen und Programmen (soweit vorhanden) und ihren politischen Zielen innerhalb des demokratischen Systems einzuordnen.

RLz 3: Fähigkeit und Bereitschaft, am notwendigen Prozeß der streitbaren Demokratie teilzunehmen und sich dabei im offenen Diskurs mit den extremistischen Hochschulgruppen theoretisch und praktisch auseinanderzusetzen.

Anmerkung: Auf eine Auflistung von Einzellernzielen wird im folgenden verzichtet. Sie ergeben sich aus der Beschreibung der Lernschritte.

Erarbeitung des Themas

Das Thema kann mit Hilfe der vorliegenden Materialien in neun Lernschritten erarbeitet werden.

Als Mindestzeitansatz sind hierfür zwei Unterrichtsstunden anzusetzen. Eine mehr problemorientierte und strukturierte Durchdringung der Thematik setzt jedoch einen halben Unterrichtstag voraus.

Als Lernschritte werden vorgeschlagen:

Lernschritt 1: Erfahrungsaustausch/Einstieg in das Thema

Lernschritt 2: Was ist Extremismus?

Lernschritt 3: Der Weg in eine extremistische Organisation

Lernschritt 4: Vom sozialistischen Studentenverband zur Alternativ- und Friedensbewegung

Lernschritt 5: Orthodox-kommunistisch orientierte Gruppen: MSB und SHB

Lernschritt 6: Die K-Gruppen oder die dogmatische Linke

Lernschritt 7: Basisgruppen, Spontis, Undogmatische

Lernschritt 8: Rechtsextremismus: Der Nationaldemokratische Hochschulbund

Lernschritt 9: Streitbare Demokratie

Lernschritt 1: Erfahrungsaustausch / Einstieg in das Thema

1. In diesem relativ kurz zu haltenden Lernschritt sollen die Adressaten ihre möglichen Erfahrungen mit den Aussagen von Hochschulgruppen wiedergeben. Liegen keine unmittelbaren Erfahrungen vor, so sollen die Adressaten äußern, was sie von Hochschulgruppen gehört haben.

2. Die Aussagen werden am besten auf einer Folie des Tageslichtprojektors oder einem Plakat gesammelt und aufgehoben.

3. Begriffe wie *„Interessenvertretung"*, *„studentische Politik"*, *„Gesellschaftsreform"* oder aktuelle Themen wie *„Protest gegen ..."* können im Laufe der Veranstaltung aufgegriffen und verarbeitet werden.

   In diesem Zusammenhang werden die Forderungen der extremistischen Gruppen herausgegriffen.
   Dies kann zum Begriff des Extremismus überleiten.

4. Andere Einstiege, z. B. über aktuelle Zeitungsmeldungen oder über das Lesen der Flugblätter verschiedener Hochschulgruppen sind gleichfalls denkbar. Die Vorgehensweise wird sich an den äußeren Möglichkeiten und der Art der Adressatengruppe orientieren.
   Auf jeden Fall ist es auch hier sinnvoll, den Einstieg in die Frage nach dem Extremismus münden zu lassen.

Lernschritt 2:

Was ist Extremismus?

Sinn dieses Lernschritts ist es, den Adressaten eine begriffliche Klarheit zum Begriff des Extremismus zu vermitteln.

Dies ist möglich mit Hilfe des Bundesverfassungsgerichts-Urteils zum Verbot der Kommunistischen Partei Deutschlands von 1956 (siehe u. a. DV Bd 1, S. 16) oder mit einschlägigen Publikationen zum Extremismus, u. a. dem letzten Jahresbericht des Bundesamtes für Verfassungsschutz.

In der Regel empfiehlt es sich, diesen Lernschritt über ein Unterrichtsgespräch zu erarbeiten. Den Lehrgangsteilnehmern müssen am Ende des Lernschritts die acht vom BVG formulierten Elementarsätze des Grundgesetzes, die als „freiheitlich demokratische Grundordnung“ bezeichnet wurden, klar sein.

Eine weitergehende Diskussion des Verhältnisses von Extremismus und demokratischem Staat kann bei ausreichendem Zeitansatz geführt werden.

Bei einem Tagesseminar zum vorliegenden Thema können die Teilnehmer in Gruppenarbeit auch mit diesen Grundsätzen die Programme oder Aussagen der extremistischen (Hochschul-)Gruppen untersuchen. Anschließend wären Bedeutung und Gefahren des Extremismus für den Demokratischen Staat zu prüfen.

Lernschritt 3:

Der Weg in eine extremistische Organisation

Dieser Lernschritt ist nicht zwangsläufig erforderlich, sondern hat einen gesellschaftlich erklärenden Ansatz. In ihm soll deutlich werden, wie sehr die extremistischen Hochschulgruppen der Situation junger Menschen entgegenkommen. Als Grundlage für diesen Lernschritt eignet sich das Kapitel dieses Bandes „Wie wird man Mitglied?“, S. 10 ff. Zur Ergänzung sei hier auch die DV, Band 4: „Aussteiger. Auf der Suche nach Sicherheit“ empfohlen.

Die Texte eignen sich zum lauten Vorlesen und anschließender Diskussion. Bei jugendlichen Teilnehmern sollten eigene Erfahrungen das Gespräch ergänzen und die Frage sollte beantwortet werden, ob sie sich in den geschilderten Situationen „wiederfinden“.

Sinnvoll ist es herauszuarbeiten, daß die extremistischen Hochschulgruppen einige „Vorteile“ haben, worauf ihre Erfolge gründen:
- sie bieten geschlossene Weltbilder mit hohem bis absolutem Wahrheitsanspruch an,

- sie schaffen starke Gruppenidentitäten und ein Gruppenzugehörigkeitsgefühl bis hin zum Elitenbewußtsein,
- sie greifen gesellschaftliche und soziale Probleme junger Leute auf und bieten „schnelle Lösungen“ an,
- sie sind nicht in politischer Verantwortung und können „hemmungslos“ Reformmaßnahmen fordern,
- sie schaffen ein Gefühl von Sicherheit in der Gruppe in einer von ihnen als unsicher und perspektivlos (deshalb reformbedürftig) empfundenen Welt.

Diese politisch-gesellschaftliche Funktion extremistischer Gruppen sollte am Ende des Lernschritts 3 herausgearbeitet worden sein.

Lernschritt 4:

Vom sozialistischen Studentenverband zur Alternativ- und Friedensbewegung

Bei einem Zeitansatz von einem Tag könnte in diesem Lernschritt auch ein Überblick über die studentische Protestbewegung gegeben werden (z. B. mit Hilfe der Arbeit von Gerd Langguth, a. a. O.)

Interessant wäre in diesem Zusammenhang auch eine kurze Untersuchung neuer sozialer Bewegungen (Brand, Büsser, Ruch 1984[2]).

Bei kurzem Zeitansatz kann man sich aber auch auf das in dieser Arbeit verfaßte Kapitel „Zur Entstehungsgeschichte“ stützen.

Vorrangiges Ziel dieses Lernschritts ist es, daß die Adressaten einen groben, aber in sich geschlossenen Überblick zur Entwicklung der Hochschulgruppen bekommen.

Dies läßt sich am besten durch ein Unterrichtsgespräch, das gut von visuellen Mitteln unterstützt wird, bewältigen. Der erste Teil des Lernschritts sollte sich mit dem Kapitel „Entstehungsgeschichte“, der zweite Teil mit dem Kapitel „Der Einfluß linker und linksextremer Gruppen auf die Studentenvertretungen von 1980 – 1985“ befassen. Hier ist es wichtig, daß qualitative und quantitative Einschätzungen der Hochschulgruppen von den Adressaten aufgenommen werden können. Deshalb empfiehlt es sich, auf die nächstgelegene Hochschule Bezug zu nehmen.

Bei diesem Lernschritt sollte auf jeden Fall der Tageslichtprojektor oder die Tafel zum Anschrieb eingesetzt werden. Auch schriftliche Zusammenfassungen und Übersichten der wichtigsten Ereignisse und deren Daten sollten unbedingt am Ende des Gesprächs verteilt werden.

Lernschritt 5:

Orthodox-kommunistisch orientierte Gruppen: MSB und SHB

Zu Beginn dieses Lernschritts ist es wichtig, den Unterschied zwischen orthodox und nicht orthodox orientierten kommunistischen Gruppierungen zu erklären. Grundsätzlich ist neben dem vorliegenden Text als Unterlage DV, Band 2: Hartmut Weyer, Die DKP-Programm-Strategie-Taktik, hilfreich.

Der erste Teil dieses Lernschritts muß sich mit dem MSB Spartakus beschäftigen. Der Einstieg erfolgt im Rahmen eines Unterrichtsgesprächs oder eines Kurzvortrags mit einer Sachdarstellung zur Entwicklung des MSB Spartakus.

Anschließend empfiehlt es sich, die als Dokument 2 in diesem Heft wiedergegebene MSB-Grundsatzerklärung als Gruppenarbeit kapitelweise lesen und diskutieren zu lassen. Als Leitfaden sollte dabei stets die Frage nach der im Text projektierten Gesellschaftsordnung dienen. Hilfreich sind auch als „Meßlatte" die in Lernschritt 2 erarbeiteten acht Demokratiekriterien des BVG.

Der Lehrer/Teamer sollte die Gruppenreferate dann mit Hilfe des Kapitels „Politische Zielsetzungen und taktisches Verhalten" im Unterrichtsgespräch aufarbeiten.

Bei entsprechendem Zeitansatz ist eine gesonderte Diskussion zur Frage der Gewaltanwendung möglich.

Im zweiten Teil dieses Lernschritts muß eine Sachdarstellung der „Entwicklung des SHB" erfolgen.

Wichtig ist anschließend eine ausführliche Behandlung des Kapitels „Politische Zielsetzungen". Je nach Zeitansatz können die Theorien des „Stamokap", des „wissenschaftlichen Sozialismus", des „antimonopolistischen Kampfes" und der Taktik der „Gewerkschaftlichen Orientierung" ausführlich behandelt werden. Hierzu eignet sich auch die Lektüre der Grundsatzerklärung des SHB (Dokument Nr. 4).

In diesem Zusammenhang wird besonders auf die hilfreiche Darstellung der DV, Band 2 verwiesen.

Die Fortführung der Diskussion sollte im Rahmen eines Unterrichtsgesprächs das Kapitel „Strategie und Taktik" aufarbeiten (DV, Band 2, S. 23 ff.). In diesem Zusammenhang sind die engen inhaltlichen Bezüge zum MSB Spartakus zu verdeutlichen.

Eine gesonderte Problemdiskussion ist auch zur Frage „Bündnispolitik" möglich. Dabei muß deutlich werden, welche wichtige Funktion die Bündnispolitik für Taktik und Strategie von MSB und SHB hat und welche Gefahren für die demokratischen Gruppen und Parteien hierin vor allem für das eigene Wertverständnis liegen.

In beiden Fällen – MSB und SHB – empfiehlt es sich, die in diesem Heft erwähnten Publikationsorgane zu beschaffen und den Teilnehmern die Möglichkeit zum exemplarischen Lernen zu geben.

Lernschritt 6:

Die K-Gruppen oder die dogmatische Linke

In diesem Lernschritt sollen die Adressaten einen Überblick über die wichtigsten sogenannten K-Gruppen bekommen.

Dabei ist es wichtig, deutlich zu machen, daß ihr theoretischer Ansatz ebenso begrenzt ist wie ihre Mitgliederzahl.

Gleichwohl erregen sie durch spektakuläre Aktionen, hohen agitatorischen Aufwand und Gewaltaktionen Aufmerksamkeit.

Die Darstellung kann sehr gerafft in einem Unterrichtsgespräch erfolgen. Allenfalls lassen sich die hinsichtlich der MG gegebenen vier Beispiele in Arbeitsgruppen diskutieren.

Die Arbeitsgruppen sollten den Auftrag erhalten, ein Politikverständnis der MG zu definieren.

Lernschritt 7:

Basisgruppen, Spontis, Undogmatische

Dieser Lernschritt dient der Vervollständigung des gesamten linksextremen Spektrums. Er kann mit den Erfahrungen der Adressaten im Umgang mit den bisher gelesenen Texten und aufgenommenen Informationen eingeleitet werden. Es liegt nahe, daß dabei besonders die unflexible, an Hierarchien und Ämtern orientierte Haltung der bisher besprochenen Gruppen kritisiert wird. Damit ist der Ansatz für diese jetzt zu diskutierenden Gruppen erarbeitet. Nach diesem Einstieg erfolgt im Kurzvortrag eine Vorstellung der Gruppen und deren Aussagen.

Am Schluß sollten die Teilnehmer aufgefordert werden, die Stichpunkte eines politisches Programmes der besprochenen Gruppen zu formulieren. Es wird sich herausstellen, daß dies nicht möglich ist.

Deutlich zu machen ist zugleich die Relation zwischen Mitgliederzahl und politischer Wirkung sowie agitatorisch-propagandistischem Aufwand andererseits. Je nach Bedarf kann bei den Lernschritten 6 und 7 mit den in diesem Heft wiedergegebenen oder selbstbeschafften Materialien gearbeitet werden.

Lernschritt 8:

Rechtsextremismus: Nationaldemokratischer Hochschulbund

Dieser Lernschritt sollte mit einer kurzen, allgemeinen Darstellung des Rechtsextremismus in der Bundesrepublik eingeleitet werden.

Dem kann eine Darstellung des NHB in Form eines Unterrichtsgesprächs folgen.

Wichtigstes Lernziel ist weniger das politische Wirken des NHB an den Hochschulen als die Auseinandersetzung mit seinen verhängnisvollen Aussagen zum Dritten Reich. In diesem Zusammenhang kann mit den Adressaten über die Haltlosigkeit der Behauptungen und mögliche Reaktionen auf solche Aussagen diskutiert werden.

Lernschritt 9:

Streitbare Demokratie

In diesem abschließenden Lernschritt gilt es noch einmal:
- die Gruppierungen zusammenzufassen,
- Schwerpunkte ihrer programmatischen Aussagen zu formulieren und vor allem die eigene Haltung zu diesen Aussagen zu bestimmen.

Noch einmal muß der Begriff der streitbaren Demokratie aufgegriffen werden. Die Notwendigkeit politischer Beteiligung im allgemeinen und die theoretische und praktische Auseinandersetzung mit den extremistischen Gruppierungen muß für die Adressaten deutlich werden.

Schlußbemerkung: Die in diesen methodischen und didaktischen Handreichungen beschriebenen Vorstellungen vom Ablauf einer Unterrichtseinheit können nur eine Anregung für den Lehrer/Teamer sein; denn das vorliegende Thema ist sehr stark bestimmt durch den Grad der Betroffenheit und den damit verbundenen Vorkenntnissen der Adressatengruppe.

Abkürzungsverzeichnis

APO	= Außerparlamentarische Opposition
ASTA	= Allgemeiner Studentenausschuß
BDIS	= Bundesvorstand Deutsch-Israelischer-Studenten
BG	= Basisgruppe
BWK	= Bund Westdeutscher Kommunisten
CDU	= Christlich-Demokratische Union Deutschlands
CSU	= Christlich-Soziale Union Deutschlands
DFG/VK	= Deutsche Friedensgesellschaft/ Vereinigte Kriegsdienstgegner
DFU	= Deutsche Friedensunion
DKP	= Deutsche Kommunistische Partei
DSU	= Deutsche Studentenunion
EGAL	= Erste Grün-Alternative Liste
FAU/R	= Freie Arbeiter Union/Rätekommunisten
FDGO	= Freiheitliche Demokratische Grundordnung
GAG	= Grün-Alternative-Liste
GABL	= Grün-Alternativ-Bunte Liste
GEW	= Gewerkschaft Erziehung und Wissenschaft
HSU	= Humanistische Studentenunion
Judos	= Jungdemokraten
Jusos	= Jungsozialisten
KABD	= Kommunistischer Arbeiterbund Deutschland
KB	= Kommunistischer Bund
KBW	= Kommunistischer Bund Westdeutschland
KFAZ	= Komitee für Frieden Abrüstung und Zusammenarbeit
KHG	= Kommunistische Hochschulgruppen
Kolibri	= Konservativ-Liberale Richtung
KPD	= Kommunistische Partei Deutschlands
KPD (AO)	= Kommunistische Partei Deutschlands/ Aufbauorganisation
KPD/ML	= Kommunistische Partei Deutschlands/ Marxisten-Leninisten
KS	= Kommunistische Studenten
KSB	= Kommunistische Studentenbünde
LSD	= Liberaler Studentenbund Deutschlands
LSI	= Liberale Studenten Initiative
LUST	= Liste unabhängiger Studenten

MLBI	= Marxistisch-Leninistischer Bund Intellektueller
MLPD	= Marxistisch-Leninistische Partei Deutschlands
MLSV	= Marxistisch-Leninistischer Schüler- und Studentenverband
MSB-Spartakus	= Marxistischer Studentenbund Spartakus
RAF	= Rote Armee Fraktion
RCDS	= Ring Christlich Demokratischer Studenten
RJVD	= Revolutionärer Jugendverband Deutschland
SDAJ	= Sozialistische Deutsche Arbeiterjugend
SDS	= Sozialistischer Deutscher Studentenverband
SHB	= Sozialistischer Hochschulbund
SPD	= Sozialdemokratische Partei Deutschlands
VDS	= Vereinigte Deutsche Studentenschaften
VVN/BdA	= Vereinigung der Verfolgten des Naziregimes/ Bund der Antifaschisten
ZK	= Zentralkomitee